AF366531

DISSERTATION

SUR LES ATTRIBUTS

DE VÉNUS.

VÉNUS ANADYOMÈNE.

Gravé et imé d'après le Tableau Original du Titien, de la Collection du Palais Royal, par Aug.
de St Aubin Graveur du Roi Dessinateur et Graveur de S. A. S. M.gr le Duc d'Orléans.

DISSERTATION
SUR LES ATTRIBUTS
DE VÉNUS,

Qui a obtenu l'ACCESSIT, au jugement de l'Académie Royale des Inscriptions & Belles-Lettres, à la Séance publique du mois de Novembre 1775.

Par M. l'Abbé DE LA CHAU, Bibliothécaire, Sécretaire-Interpréte & Garde du Cabinet des Pierres-gravées de S. A. S. Mʳ. LE DUC D'ORLÉANS.

À PARIS,

DE L'IMPRIMERIE DE PRAULT,

IMPRIMEUR DU ROI, QUAI DE GÊVRES.

Et se trouve chez PISSOT, Libraire, rue du Hurepoix.

M. DCC. LXXVI.

AVERTISSEMENT.

LE sujet proposé par l'Académie Royale des Inscriptions & Belles-Lettres, pour le Prix qu'elle a distribué à la Séance publique de la St. Martin, consistoit à examiner Quels furent les noms & les Attributs divers de Vénus chez les différens peuples de la Grèce & de l'Italie ; quelles furent l'origine & les raisons de ces attributs ; quel a été son culte ? L'Académie invitoit encore les Auteurs à chercher, Quelles ont été les statues, les Temples, les tableaux célebres de cette Divinité, & les Artistes qui se sont illustrés par ces ouvrages ? Le Prix a été fondé en l'année 1754 par M. le Comte de Caylus.

Ce Savant également recommandable par ses connoissances littéraires & par son zèle pour les Arts, eut non-seulement en vue d'éclaircir les points obscurs de la Mythologie, il voulut encore, par cette fondation, se rendre utile aux Artistes, & leur épargner les fautes dans lesquelles l'ignorance du Costume a fait plus d'une fois tomber les plus habiles d'entr'eux. Son intention fut que dans l'examen des sujets proposés, on s'attachât principalement à expliquer par les Auteurs & par les Monumens les usages des anciens peuples à l'égard du culte de leurs Divinités. Ce projet conçu par un Amateur aussi instruit, étoit bien digne d'être adopté par une Compagnie savante, à laquelle le dépôt précieux de l'Antiquité est en quelque sorte confié. L'Académie se prêtant donc aux vues de M. le Comte de Caylus, & se conformant à ses intentions, avertit dans un ses Programmes, Qu'elle ne demande point le détail de tout ce que les Mythologues débitent au sujet des Dieux : que dans cette suite de Dissertations elle ne les considère que par rapport aux Monumens.

C'est pour suivre ce plan que j'ai rejetté beaucoup de détails étrangers à l'histoire de Vénus, & absolument inutiles aux

Artiſtes pour leur procurer des connoiſſances ſur les Attributs de cette Divinité. C'eſt auſſi ce qui m'a engagé à faire graver dans cette Diſſertation quelques médailles & d'autres Monumens, dont pluſieurs, quoiqu'aſſez connus des Savans, n'en ſont pas moins néceſſaires pour l'intelligence du ſujet. Peu exercé aux combats littéraires, quand je ſuis entré en lice, c'étoit moins avec l'eſpoir de vaincre que pour m'eſſayer dans un genre analogue à des études auxquelles je me livre depuis quelques années. Occupé, de concert avec M. l'Abbé Le Blond, de la deſcription des Pierres gravées du Cabinet de Mgr. le Duc d'Orléans, j'ai cru ne point m'écarter de cet objet en examinant la queſtion propoſée par l'Académie. Je dois être d'autant plus ſenſible au témoignage flatteur dont cette illuſtre Compagnie a bien voulu honorer l'eſſai que je lui ai préſenté, qu'une pareille diſtinction eſt peu ordinaire. Son ſuffrage ne peut que m'encourager, & mon aſſociation avec un de ſes Membres, dont elle a tant de fois couronné les travaux, me donne lieu d'eſpérer que le Public accueillera favorablement le choix des morceaux intéreſſans de l'immenſe collection que nous nous propoſons de faire paroître inceſſamment : ouvrage beaucoup plus important que nous n'avons entrepris qu'avec la permiſſion & ſous les auſpices d'un Prince Protecteur des Arts, & qui en poſſéde tant de chef-d'œuvres,

DISSERTATION
SUR LES ATTRIBUTS
DE VÉNUS,

Quæ quidem licet Amorum voluptatumque mater omnium crederetur, tamen eidem deferebant pudicitiæ principatum.

Martian. Capella *Lib.* 1.

Sı les idées que les Poëtes nous ont données de leurs Divinités font conformes à la tradition & à l'opinion commune de leur temps, ainfi qu'il y a lieu de le croire, il fera toujours difficile de trouver un fil qui ferve à nous conduire dans le labyrinthe de la Théologie ancienne. Quand on a vu que Jupiter étoit le plus grand des Dieux, & que Vénus avoit pris naiffance du commerce qu'il eut avec Dioné, (1) comment

---

(1) Homere, Iliad. 3. Théocrite, Idyll. 15. Denys le Périégéte, Apollodore, Liv. 1. nomment Vénus Διωναία, ou ils difent qu'elle étoit fille de Jupiter & de Dioné. Virgile, Ecl. ıx. v. 47. appelle Céfar *Dionæus* pour marquer fon extraction de Venus :

Ecce Dionæi proceffit Cæfaris aftrum.

& Horace, Liv. 2. Od. 1, pour défigner l'antre de Vénus, fe fert de l'expreffion *Dionæum antrum.*

A

ſe déterminer à croire que cette même Vénus tire ſon origine
de l'accident funeſte arrivé à *Cœlus* ? (1) Et ſi ce dernier ſentiment étoit celui qu'il fallût admettre, comment ſeroit-elle encore la mère de tous les êtres & la plus puiſſante des Divinités ?
S'il y a eu pluſieurs Vénus, quels ſont les moyens de donner à
chacune la place qui lui convient ?

Que l'on diſtingue tant que l'on voudra des temps de Théiſ-
me, & d'autres de Polythéiſme, on ſera forcé d'avouer que la
Mythologie eſt environnée d'épaiſſes ténébres : il n'eſt guéres
poſſible de ſuppoſer que les Anciens euſſent ſur cela un plan
formé & un ſyſtême raiſonnable, même en admettant les allégories, & en cherchant à concilier les fictions des Mythologues
avec les idées des Phyſiciens. Ce défaut dans le principe qui
détruit l'ordre & l'enchaînement des conſéquences, eſt le caractère de toutes ces fauſſes religions, qui ne différent entr'elles
que par le nombre d'abſurdités plus ou moins grand qu'elles
préſentent. Les Grecs & les Romains ont ſçu donner du moins
à la Mythologie un air de vérité qui ſéduit; ſi elle eſt mêlée de
quelques inſipidités, elle contient auſſi des choſes mervcilleu-
ſes, & s'il a fallu des fables à l'homme, il ſemble que des fables
ſublimes, qui peuvent l'amuſer en l'inſtruiſant, doivent être
préférées à d'autres qui ne ſeroient qu'ennuieuſes. Celles qui
ſont racontées par Héſiode, par Homere ou par Ovide nous
flattent encore en nous faiſant chérir les erreurs de la Grèce ;
mais qui pourra jamais prendre quelqu'intérêt aux rêveries de
l'Alcoran, à celles du Zend-aveſta, & d'autres ouvrages ſem-
blables, qui ſont autant de Codes de la folie humaine ? Il s'eſt
trouvé des détracteurs de la Fable, parce qu'il y a toujours eu

____

(1) *Cœlus*, ſelon Héſiode, fut mutilé par Saturne ſon fils, & Vénus naquit de cet
accident, comme on le verra bientôt.

des ignorans & des hommes fans goût; mais fi l'on eût prof-
crit l'ancienne Mythologie, fi les Grecs ne l'euffent pas em-
bellie, fi les Romains ne fe fuffent pas fait un devoir de mar-
cher fur leurs traces, s'ils ne nous euffent pas tranfmis leurs
idées, quel peuple oferoit prétendre à la gloire d'y fubftituer
les fiennes, & que feroient devenus nos Arts les plus agréables?
Que l'on voie combien la fable feule de Vénus peut fournir
d'images, & l'on fera étonné de la richeffe du fujet.

Cependant foit que l'on dife que cette Divinité ait été formée
de l'écume de la mer, ou qu'elle doive fa naiffance à Jupiter
& à Dioné, foit qu'on la confidére comme la Nature elle-
même, il n'en fera pas moins vrai que c'eft un être chimérique,
qui n'a exifté que dans l'imagination brillante des Poëtes, lefquels l'ont perfonnifiée en l'invoquant comme une des plus
importantes divinités, & en lui donnant la plus grande influence
dans l'économie de l'univers. Ainfi les idées des anciens fur
Vénus & fur les autres Dieux, ne font autre chofe que le ré-
fultat d'un mélange étonnant & varié d'allégories & d'opinions populaires ornées par les fictions des Poëtes. Si l'on
pouvoit débrouiller ce cahos & tracer la marche qui a été fuivie
dans ces combinaifons, on auroit tout à la fois des exemples
frappans de l'élevation de l'efprit humain & de fa foibleffe.
On verroit d'un côté beaucoup de génie, de l'autre une cré-
dulité aveugle, & l'on pourroit marquer les dégrés par lefquels la fuperftition eft parvenue à exercer un fi grand empire.

Mais comme l'objet de cet ouvrage eft d'éclaircir la Mythologie ancienne, en expliquant les attributs de Vénus, & de
préfenter en même temps aux Artiftes modernes les règles du
coftume qu'ils doivent fuivre dans les différentes repréfenta-
tions de cette Déeffe, il faudra nous prêter nous-même à l'il-
lufion, nous tranfporter dans les temples de la Grèce & de

Rome, puifer dans les fources où font confignés les principes
de la Religion de ces Peuples, rechercher avec foin les monumens qui nous en offrent des exemples authentiques, & adopter
en quelque forte leurs idées. Quant au plan que nous nous
prefcrivons, nous effaierons de fuivre dans l'énumération des
attributs de Vénus l'ordre le plus naturel : c'eft-à-dire, qu'a-
près avoir expofé les opinions communes fur fa naiffance, nous
expliquerons à cette occafion les attributs qui en dépendent,
& ainfi de fuite à l'égard des autres qui font relatifs à fon pouvoir & à fes diverfes influences. Par cette manière de procéder,
on ne fatisfera pas moins l'efprit obfervateur du Philofophe qui
defireroit avoir des notions fur l'origine de la Divinité de
Vénus, que la curiofité de l'Antiquaire ou de l'Artifte qui s'at-
tachent plus volontiers à la defcription d'un monument, ou à la
connoiffance des ufages.

L'hiftoire d'une Divinité telle que Vénus doit néceffairement
entraîner dans des détails qui pourroient paroître quelquefois
licencieux; mais il feroit aifé de fe juftifier par l'exemple des Pères
Clem. Ale-
xandrin. edit.
Potter. p. 13. de l'Eglife, & particulierement de Clément d'Alexandrie, qui
ne craignoit pas, difoit-il, de révéler des myftères qui avoient
pour objet le culte public. Quoique l'on ne confidère point ici
la Mythologie fous le même point de vue que les Écrivains
Eccléfiaftiques, qui vouloient la réfuter ou la rendre ridicule;
le but qu'on fe propofe n'en eft pas moins utile, & alors tous
les mots doivent être égaux pour les oreilles de la pudeur.
Nous éviterons donc également & une liberté cynique, &
une retenue trop fcrupuleufe.

Il n'eft point étonnant que l'origine d'un être purement
imaginaire foit obfcure : ce qu'il y auroit de curieux, feroit
d'indiquer comment les fables ont pu s'accréditer & acquérir

l'état de confiſtance dont elles ont paru jouir. Si nous conſul-
tons les Auteurs anciens qui ont parlé des Dieux, ils font ſi
obſcurs ou ſi peu d'accord entr'eux, qu'il n'en reſte ſouvent
que des doutes. Platon reconnoiſſoit deux Vénus : une plus Sympoſ. edit.
Serran. tom. 3.
p. 180.
ancienne, fille de Cœlus, ſans mere, & que nous appellons,
dit-il, Vénus *Céleſte*; l'autre, plus récente, fille de Jupiter &
de Dioné, que nous nommons Vénus *Vulgaire*. Le Poëte
Epiménides en admet une différente de celles de Platon, & la
ſienne eſt fille de Saturne & d'Evonyme. (1) Ciceron, dans
ſon ouvrage ſur la Nature des Dieux, (2) aſſure qu'il y en a
quatre. Apulée (3) la confond avec Cérès, Diane, Proſerpine,
ce qui prouve qu'aucun n'avoit ſur cette Déeſſe des notions
bien claires, & en effet aucun n'en pouvoit avoir. Mais con-
formons-nous au langage de la Mythologie, & voyons d'abord
quelles ſont les idées qui peuvent naître de l'étymologie du
nom Grec de Vénus. Ce qu'Héſiode raconte de ſa naiſſance Theogon. v.
190.
a un rapport aſſez ſenſible avec le mot Ἀφροδίτη, qui ſert à
déſigner la Déeſſe. Selon ce Poëte, les parties de la généra-

---

(1) Γήματο δ' Εὐωνύμην θαλερὴν Κρόνος ἀγκυλομήτης
     Ἐκ τῆ καλλίκομες γίνετο χρυσῆ Ἀφροδίτη.

(2) Venus prima, Cœlo & Die nata, cujus Elide delubrum videmus : altera ſpuma
procreata, ex qua, & Mercurio Cupidinem ſecundum natum accepimus : tertia Jove
nata & Dione, quæ nupſit Vulcano, ſed ex ea & Marte natus Anteros dicitur : quarta
Syria, Tyroque concepta, quæ Aſtarte vocatur, quam Adonidi nupſiſſe traditum eſt.
Lib. 3. de Nat. Deor.

(3) Regina cœli, ſive tu Ceres alma, frugum parens originalis, quæ repertu lætata
filiæ, vetuſtæ glandis ferino remoto pabulo, miti commonſtrato cibo, nunc Eleuſiniam
glebam percolis : ſeu tu Cæleſtis Venus, quæ primis rerum exordiis ſexuum diverſita-
tem generato amore ſociaſti, & æternâ ſobole humano genere propagato, nunc circumfluo Paphi ſacrario coleris : ſeu Phœbi ſoror, quæ partu fœtarum medelis lenientibus
recreato, populos tantos educáſti, præclariſque nunc veneraris delubris Epheſi ; ſeu
nocturnis ululatibus horrenda Proſerpina, triformi facie larvales impetus compri-
mens, &c.   *Apul. Metam. Lib. XI.*

tion de Cœlus étant tombées dans la mer, après avoir été coupées par Saturne son fils, il s'en forma une écume qui donna l'être à Vénus. Homere, (1) Musée, (2) Virgile, (3) Ovide, (4) Tibulle, (5) Catulle, (6) Horace (7) lui donnent cette même origine, & ils lui attribuent une grande puissance sur les eaux de la mer. C'est pour cela qu'elle a reçu les épithétes d'Ἀφρογένεια, de Ποντογένεια & d'Ἁλιγενὴς.

Il semble même qu'on ait voulu fixer d'une manière plus particuliere la circonstance de son origine par celle de φιλομμηδὴς, *amans genitalia ;* du moins Hésiode le fait-il entendre dans sa Théogonie. (8)

C'est sans raison que Clément d'Alexandrie veut attacher un sens obscène à cette épithéte, dans la description assez libre

Oppian. Cyneg.
rielod.
Plutarch.

v. 200.

In Protrept.
edit. Potter, p. 13.

---

(1) Hymn. v. in Venerem.

(2) Ἀγνώσσεις ὅτι Κύπρις ἀπόσπορος ἐστὶ θαλάσσης
Καὶ κρατέει πόντοιο.   Mus. Leand. & Hero.

(3) *Fas omne est, Cytherea, meis te fidere regnis*
Undè genus ducis.   Æneid. v.

(4) *Illa dedit faciles auras ventosque secundos ;*
In mare nimirùm jus habet orta mari.   Paris Helen.

Solve ratem, Venus orta mari, mare præstat eunti.   Sapho Phaoni.

Quod timeas non est, auso Venus ipsa favebit
Sternet & æquoreas, æquore nata, vias.   Hero Leand.

Sed Veneris mensem Graio sermone notatum
Auguror, à spumis est Dea dicta maris.   Fast. lib. IV. v. 61.

(5) *Nam fuerit quicunque loquax, is sanguine natam,*
Is Venerem è rapido senties esse mari.   Eleg. lib. I.

(6) *Nunc, ô Cæruleo creata Ponto.*   Catull. XXXVII.

(7) Parmi les Dieux qu'Horace invoque pour obtenir une heureuse navigation à Virgile, ce Poëte nomme Vénus la premiere.

Sic te Diva potens Cypri
Sic fratres Helenæ lucida sidera
Ventorumque regat pater.   Lib. I. Od. III.

(8) Ἠδὲ φιλομμηδέα, ὅτι μηδέων ἐξεφαάνθη.

qu'il fait de la naiſſance de Vénus ; il a tort de prétendre que c'eſt ce qui fait donner une portion de ſel & la figure d'un mem·bre viril à ceux qui ſont initiés aux myſtères de Vénus Marine, comme le ſymbole de ſa naiſſance, & que ceux-ci lui offrent une pièce de monnoie, comme un préſent que des amans feroient à leurs maîtreſſes. Le témoignage de cet Auteur eſt, à la vérité, étayé de ceux de Julius Firmicus (1) & d'Arnobe (2) ; mais ce qui nous paroît plus intéreſſant, & ce qui a peut-être en effet rapport à l'épithéte dont il s'agit, c'eſt une médaille d'argent de Demetrius II, Roi de Syrie, publiée par Haym, & le P. Frœlick, & une autre de moyen bronze frappée pour l'Empereur Antonin dans la ville de *Mallus.* Elles ont toutes deux pour type une Vénus debout, vêtue d'une longue robe, & entourée de *Phalli.*

Annal. Reg. Syr. tab. x, n°. 25.

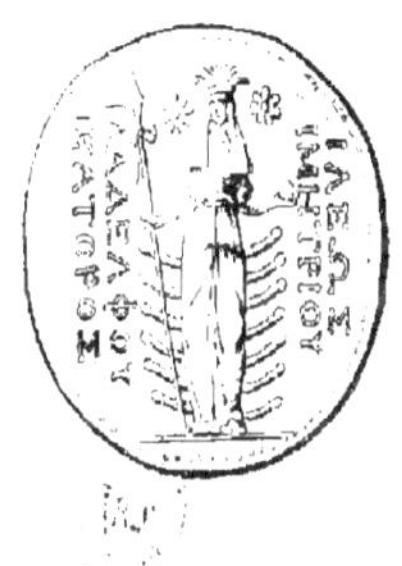

Quant au mot φιλομμηδής, il ne faut pas le confondre avec celui de φιλομμειδής, autre épithéte de Vénus, ſouvent employée par Homere, & qui exprime le penchant que cette Déeſſe a pour les ris, & ſon goût pour la gaieté, à quoi Horace fait

Homer. Iliad. 3. Id. Hymn. in Vener. Q. Calaber &

---

(1) Statuiſſe etiam ut quicunque initiari vellet ſecreto Veneris ſibi tradito, aſſem in manum, mercedis nomine Deæ daret.

(2) Necnon & Cypriæ Veneris abſtruſa illa myſteria prætereamus quorum conditor indicatur Cinyras rex fuiſſe, in quibus ſumentes ea, certas ſtipes inferunt ut meretrici, & referunt Phallos propitii numinis ſigna donatos. *Arnob. Lib. 5.*

vraifemblablement allufion, lorfqu'il dit :

Sive tu mavis, Erycina ridens ,
Quam Jocus circumvolat & Cupido.

Lib. 1. Od. 2.

Du nom principal d'Ἀφροδίτη s'enfuivent naturellement les diverfes dénominations de Ποντία, de Θαλασσία, de *Marina*, (1) de *Pelagia*, de *Limenia*, & d'Ἀναδυομένη, qui ont toutes à-peu-près le même fens. Celle de *Limenia* ou *Limnefia* paroît plus reftreinte & bornée feulement aux ports fur lefquels Vénus étoit cenfée veiller, comme on le voit dans une épigramme de l'Anthologie, (2) & comme on l'apprend de Servius. (3) Cette derniere épithéte eft citée par Paufanias, qui dit, que l'on voyoit à Hermione une ftatue de Vénus Λιμενία de marbre blanc, remarquable par fa hauteur & fa beauté. Le titre de *Pelagia* eft plus étendu, & femble marquer davantage fon domaine fur la mer ; il fe lit fur une infcription recueillie par Reinefius. Gori a fait graver une pierre qui repréfente une femme portée au milieu des mers par un Triton ; & il dit que c'eft une Vénus *Pelagia*. Nous ferions affez portés à croire que les Corinthiens ont voulu la figurer fur des médailles d'Agrippine, femme de Claude ; on y voit une femme nue fur un char marin, conduit par un Triton portant une efpèce de conque, & par une Néréide fonnant de la trompette. Les Corinthiens vouloient par ce monument flatter l'Impératrice,

Corinthiac. p. 191. edit. Kuhn.

Pag. 127.

Muf. Florent. Gemm. antiq. tom. 2.

Vaillant Colon. p. 164 & 165.

---

(1)   *Ut tamen noris quibus advoceris*
Gaudiis, Idus tibi funt agendæ :
Qui dies menfem Veneris Marinæ
Findit Aprilem.   Horat. IV. Od. XI.

(2)   Κύπρι φιλομμειδης, φίλερως, ἐμὲ μὲ Κίπρι
Ῥαμνουσὶς ὁὰρ ἐκατὸν τῆς ἡμέρας.

Anthol. Lib. I. c. XXXI.

(3)   *Eft Limnefia Venus quæ portibus præft.*

Servius in Æneid. I.

qu'ils

qu'ils repréſentoient comme une autre Vénus, avec un de ſes principaux attributs.

Elle eſt donc bien caractériſée comme fille de la mer, ainſi que la nomme Pauſanias, & comme en poſſédant l'empire, ainſi que nous l'avons vu par ſes autres épithétes. Mais il n'y en a aucune qui paroiſſe plus propre à exprimer cette qualité que celle d'Anadyomène, qui eſt particulièrement conſacrée à déſigner le chef-d'œuvre d'Apelles, admiré de toute la Gréce, & ſi célébré par les anciens. (1) M. le Comte de

Corinthiac. p. 113.

---

(1) Nous réunirons dans cette note des paſſages qui ont un rapport direct à Vénus Anadyomène, afin qu'étant rapprochés , on ſaiſiſſe plus aiſément l'idée que s'en formoient les anciens. Nous commencerons par donner la traduction du texte d'Héſiode telle qu'elle eſt dans le Mém. de M. de Caylus.

On vit alors , dit le Poëte , flotter ſur la ſurface des eaux de la mer le groupe d'une écume blanche qui produiſoit & formoit dans ſon ſein une jeune fille. Cette écume s'approcha d'abord de l'iſle de Cythère ; de-là , pouſſée par les flots , elle fut portée ſur la côte de l'iſle de Cypre , où le groupe s'étant tout-à-coup entr'ouvert , on vit ſortir de ſon ſein une jeune Déeſſe , dont l'éclat , la beauté & la majeſté étonnoient les regards. Dès le premier moment de la naiſſance , l'aimable Déeſſe ſe préſente à l'aſſemblée des Dieux , qui la reçoivent parmi eux ; le Dieu d'Amour l'accompagnoit , & les Plaiſirs ſuivoient ſes pas . . . .

Iere. ÉPIGRAMME DE L'ANTHOLOGIE, Liv. IV.

Voyez Vénus ſortant du ſein de l'onde qui vient de lui donner le jour ; c'eſt l'ouvrage du pinceau d'Appelles : conſidérez la Déeſſe qui a ſaiſi de ſes belles mains , ſa chevelure toute trempée , comment elle exprime de ſes cheveux humides l'écume

Caylus a publié & fait graver dans les Mémoires de l'Académie des Belles-Lettres un petit monument de bronze représentant Vénus Anadyomène : l'explication qu'il en donne, fait

---

blanche dont elle vient de naître. Minerve & Junon avouant deformais leur défaite, dirent elles-mêmes : charmante Vénus, nous ne vous difputons plus le prix de la beauté.

IIe. EPIGRAMME.

Appelles vit Cypris au moment de fa naiffance, lorfqu'elle fortit toute nue du fein de la mer, qui l'avoit enfantée. Le Peintre offre à nos regards la Déeffe, telle qu'il la vit en ce moment, couverte d'écume, & l'exprimant de fes cheveux avec fes belles mains.

IIIe. EPIGRAMME.

Lorfque Cypris toute trempée de l'écume qui découle de fes cheveux, fortit nue du fein des flots, elle porta d'abord fes mains fur la chevelure qui couvroit fes belles joues ; elle exprimoit ainfi de fes cheveux humides l'eau écumante de la mer. La Déeffe montroit fon fein à découvert, & tout ce qu'il eft permis d'expofer à la vue. Mais fi Vénus eft auffi belle en effet qu'elle le paroît dans ce tableau, qu'à la vue de la Déeffe, toute la fierté du courage de Mars s'étonne & fe confonde.

IVe. EPIGRAMME.

La mer venoit d'accoucher, & la Reine de Paphos qui fortoit de fon fein, avec le fecours de la main d'Apelles, ouvroit en ce moment pour la première fois fes beaux yeux à la lumiere : vous dont les regards font attirés par ce tableau, hâtez-vous de vous en éloigner, de peur que l'écume que la Déeffe exprime de fes cheveux humides, ne rejailliffe fur vous. Si Vénus difputant la pomme, dévoila jamais aux yeux de Pâris tous les charmes qu'elle étale ici, c'eft bien injuftement que Pallas a ruiné de fond en comble la ville de Troie.

Ovide fait allufion aux cheveux mouillés de Vénus dans ces vers de l'Élégie 14e. du premier livre :

> *Formofæ periere comæ, quas vellet Apollo*
> *Quas vellet capiti Bacchus ineffe fuo,*
> *Illis contulerim, quas quondam nuda Dione*
> *Pingitur humenti fuftinuiffe manu.*

Le même Poëte en parle encore plus clairement au fecond livre des Triftes, v. 5271

> *Sic madidos ficcat digitis Venus uda capillos :*
> *Et modo maternis tecta videtur aquis.*

voir qu'il favoit allier les règles de la critique au goût fûr qu'il
avoit pour les Arts ; & comme il a , pour ainfi dire , épuifé la
matière , il fuffiroit d'indiquer fon ouvrage. Nous en détache-
rons néanmoins quelques réflexions, qui ne paroîtront point
étrangeres ici. Cet amateur éclairé , après avoir traduit le texte
d'Héfiode, qui traite de la naiffance de Vénus , examine qu'elles peuvent être les idées que le Poëte aura fournies au Peintre, il fait voir à cette occafion l'avantage que la liberté de
traiter un fujet, donne au premier fur le fecond. » Je ne
» crains point, dit-il, d'avouer que ce beau morceau de poéfie
» digne d'être imité, comme il l'a été, avec raifon, par un
» fi grand nombre d'Auteurs , concourt à prouver l'étendue
» des images que les Poëtes ont la liberté de traiter; mais pour
» le fait dont il s'agit, les vers d'Héfiode nous font voir que
» ce Poëte a fçu occuper l'efprit par la defcription de cette
» Vénus, & plaire par les traits , les agrémens, les fufpen-
» fions, les fous-entendus, enfin par les avantages de fon ta-
» lent ; tandis qu'Apelles a fixé cette Déeffe aux yeux de tous

Tom. xxx. p.
449.

Au quatrième livre de *Ponto* , Ep. 1, il dit que ce tableau précieux faifoit la
gloire d'Apelles.

> Et *Venus artificis labor eft & gloria Coi* ,
> *Æquoreo madidas quæ premit imbre comas.*

Enfin au troifième livre de l'Art d'Aimer, il la repréfente toujours dans la même
attitude.

> *Nuda Venus madidas exprimit imbre comas.*

Q. Calaber, Livre cinquième, ne diffère guéres d'Ovide,

> Ἀφρὸν ἔτ' ἀμφὶ κόμῃσιν ἔχουσ' ἀνεδύετο πόντου.

Aufone fe rapproche des uns & des autres dans cette Epigramme, n°. 106.

> *Emerfam Pelagi nuper genitalibus undis*
> *Cyprin Apellei cerne laboris opus ;*
> *Ut complexa manu madidos falis æquore crines*
> *Humidulis fpumas ftringit utraque comis.*
> *Jam tibi nos, Cypri, Juno inquit , & innuba Pallas*
> *Cedimus , & formæ præmia deferimus.*

B ij

» les Grecs par une attitude fimple, mais fi convenable & fi
» frappante, que la Grèce entiere s'accorda pour donner à
» cette Vénus le nom d'Anadyomène, en adoptant le moment
» dont il avoit fait choix dans les vers d'Héfiode, c'eft-à-dire,
» effuiant fes cheveux lorfqu'elle fort de l'écume de la mer
» dont elle avoit été formée.

Ibid. p. 450. M. de Caylus fait enfuite des réflexions générales fur ce tableau, qu'il décrit ainfi : » La Vénus d'Apelles eft repréfentée
» dans le moment qu'elle paroît au jour, elle eft dans l'i-
» gnorance de fes charmes, & ne témoigne aucune furprife;
» elle n'a befoin ni d'effort, ni de mouvement : Déeffe & fans
» paffion, l'ingénuité l'accompagne, & la curiofité ne la peut
» animer; mais fon premier foin eft de plaire & de paroître à
» fon avantage. Dès-lors elle eft occupée de fa parure natu-
» relle, elle arrange & difpofe fes cheveux; le foin qu'elle ap-
» porte pour les effuier prouve qu'elle vient de fortir de l'eau,
» & tout ce qui rappelle une action précédente, eft une preuve
» auffi rare que conftante du génie des Artiftes. Que de par-
» ties muettes & poffibles, dans le même inftant faut-il réunir
» avec fageffe & convenance, pour les faire concourir à l'ex-
» preffion d'un objet fixe & immuable, tel qu'il eft pour la
» peinture ? Ainfi l'attitude qu'Apelles a préférée eft favante
» fans le paroître, faite par une action convenable au fexe &
» à l'âge, agréable parce qu'elle eft dans la nature, que l'œil
» le plus févere ne peut y remarquer la moindre affecta-
» tion, & qu'enfin fous l'enveloppe la plus fimple & la
» plus jufte, l'efprit charmé n'a nul befoin de fous-entendre,
» & qu'il ne peut y parvenir fans le fecours de la réflexion.
Il paroît d'après une des épigrammes de l'Anthologie, qu'A-
pelles avoit repréfenté fa Vénus à mi-corps, d'où il s'enfuit,
dit M. de Caylus, » qu'il a néceffairement donné une fi jufte

» idée d’un caractère simple, noble & naïf, qu’il a exécuté son
» trait avec si grande précision, qu’il l’avoit si bien pensé, que
» le Sculpteur du monument de bronze, qui en est une copie,
» a saisi toutes ces impressions, & nous fait voir encore au-
» jourd’hui cette jeune personne debout sans aucun contraste
» apparent.

Nous nous faisons un devoir de renvoyer à la savante differtation de l’Auteur, dans laquelle il fait la description de son
petit monument de bronze, en portant un jugement tant sur
les anciens Artistes, que sur les Peintres modernes qui ont osé
traiter le même sujet, & particulièrement sur le Titien. (1)
Les Peintres & les Statuaires y trouveront des préceptes vrais
& un détail conforme aux règles de leur Art. Les Littérateurs
admireront l’érudition que l’Auteur a sçu y répandre ; & ils
admettront sans peine la critique du paffage de Pline, qui sembloit être au défavantage d’un aussi grand Art que celui de
la Peinture. Ceux qui voudroient favoir plus de chofes fur
Apelles & fur fes ouvrages peuvent confulter le livre de *Junius*
qui traite de la Peinture des anciens, & l’article Apelles dans
le Dictionnaire de Bayle. Pline a exalté fes talens, & il en fait   Plin. xxxv.
l’éloge le plus complet, en difant qu’il a furpaffé tous ceux   10.
qui l’ont précédé, & qu’aucun de ceux qui viendront après lui
n’égalera fon mérite. (2)

Il eft affez vraifemblable qu’Héfiode a fourni à ce Peintre
fameux l’idée de fa Vénus Anadyomène. Quelques-uns difent   Plin. Ibid.
que ce fut Campafpe, maîtreffe d’Alexandre, qui lui fervit d’o-
riginal : d’autres croient que ce fut la courtifanne Phryné,   Athen. lib.
c’eft ce qu’il eft affez peu important d’éclaircir. Il fuffit de croire   XIII. c. 6.

---

(1) Le frontifpice de cet ouvrage repréfente la Vénus du Titien.
(2) Verum omnes prius genitos, futurofque poftea fuperavit Apelles.

qu'après avoir puisé la premiere idée de son sujet dans le Poëte Grec, Apelles aura choisi le plus beau modèle qu'il aura pu trouver, & qu'il aura profité d'une disposition convenable pour représenter la Déesse dans le moment qu'elle sort de la mer, ce qui est, selon M. de Caylus, le plus grand exemple de graces produites par la justesse & la simplicité, que l'on ne retrouve guères que dans les ouvrages des Grecs.

C'est une question de savoir si Apelles a fait deux Vénus, dont la première, si belle & si parfaite, auroit été placée ensuite par Auguste dans le temple de César ; & la seconde, commencée pour les habitans de l'isle de Cos, & restée imparfaite par la mort de l'Auteur, n'auroit été achevée par aucun Artiste. Pline est presque le seul qui puisse donner sur cela des éclaircissemens, voici ce qu'il dit : *Venerem exeuntem à mari Divus Augustus dicavit in delubro patris Cæsaris, quæ Anadyomene vocatur, versibus Græcis tali opere (non) victo, sed illustrato. Hujus inferiorem partem corruptam qui reficeret, non potuit reperiri. Verùm ipsa injuria cessit in gloriam artificis. Consenuit hæc tabula carie : aliamque pro eâ Nero principatu substituit suo Dorothei manu. Apelles inchoaverat aliam Venerem Cois , superaturus etiam suam illam priorem. In vidit mors peractâ parte : nec qui succederet operi ad præscripta lineamenta inventus est.* On croit voir deux tableaux indiqués dans ce passage, d'après lequel plusieurs Auteurs ont distingué la célèbre Vénus Anadyomène, peinte par Apelles, d'une autre Vénus du même Auteur commencée pour les habitans de l'isle de Cos.

Mais il faut observer 1°. que la belle Vénus Anadyomène avoit été faite pour les habitans de cette isle, puisque ce fut d'eux qu'Auguste l'acheta cent talens, suivant le témoignage de Strabon. 2°. Cicéron, contre Verrès, assurant que l'on ne trouveroit aucune ville d'Asie ou de Grèce qui voulût céder pour de l'argent des ftatues ou des tableaux, fait l'énumération des chefs-d'œuvres de l'art que quelques-unes poffédoient ; & il nomme la Vénus des Rhégiens, l'Europe des Tarentins, le Satyre que l'on admiroit chez ces mêmes peuples, le Cupidon des Thefpiens, la Vénus de marbre des Cnidiens, le tableau de la même Déeffe chez les habitans de l'ifle de Cos. (1) 3°. Ovide avoit fans doute intention de parler du beau tableau d'Apelles en ces vers :

> *Si nunquam Venerem Cois pinxiffet Apelles ;*
> *Merfa fub æquoreis illa lateret aquis.*

De art. Am. Lib. III. v. 401.

Nous n'ignorons pas que certains critiques n'admettent point la leçon *Cois*, & qu'ils y fubftituent celle de *Cous*, qui fe rapporte au Peintre ; mais cela ne change rien au fens. 4°. Si c'eût été le fentiment commun, que le fecond tableau d'Apelles fuppofé, dût être fi fupérieur au premier, Properce en parlant de celui-ci n'auroit pas dit : *In Veneris tabulâ fummam fibi ponit Apelles*, ce qui exclut tous fes autres ouvrages. Il pourroit donc fe faire que Pline eût multiplié les êtres fans néceffité, comme le penfe Bayle, & ce qui aura donné lieu à cette méprife, c'eft que la Vénus Anadyomène n'étoit repréfentée qu'à mi-corps, felon une des épigrammes de l'Anthologie, elle n'étoit donc cenfée dans un état de perfection qu'à l'égard de la partie fupérieure.

Lib. III. Eleg. 9.

Articl. Apelles.

Les différens textes des Auteurs concourent à fixer la manière dont la Vénus Anadyomène doit être repréfentée d'après la defcription d'Héfiode & le tableau d'Apelles, c'eft-à-dire, fortant nue de l'écume de la mer, & preffant fes cheveux avec fes mains, comme pour en faire découler l'eau.

C'eft donc fans raifon que Gori a publié pour une Vénus

____

(1) Quid ut pictam Coos ?

Anadyomène cette belle ſtatue qui fait l'honneur du cabinet de Florence ; ſes cheveux ſont arrangés avec trop d'art & de graces pour une femme que l'on ſuppoſeroit ſortir de l'eau.

Muſ. Florent. Stat. Tab. XXVI.

Nous ne pouvons nous refuſer au deſir de placer ici la deſcription qu'en fait un Auteur qui l'avoit vue, & qui étoit ſi capable d'en juger. » Vénus eſt plus ſouvent repréſentée, » dit il, que les autres Déeſſes, & ſous des âges plus différens. » La Vénus de Médicis à Florence reſſemble à une roſe qui » s'épanouit doucement au lever du Soleil. Elle ſemble quit- » ter cet âge qui eſt rude & âpre comme les fruits avant leur » maturité, c'eſt ce qu'indique ſon ſein qui a déjà plus d'é- » tendue & de plénitude que celui d'une jeune fille. En la » voyant je me repréſente cette Laïs qu'Apelles initioit aux » myſtères de l'Amour, & je me l'imagine telle quelle étoit » pour la première fois aux yeux de l'Artiſte. Telle eſt en- » core la Vénus du Capitole, mieux conſervée que toutes les » autres, puiſqu'il ne lui manque que quelques doigts, ſans » aucun autre endommagement. Telles ſont auſſi celle de la » ville Albani, & celle de Menophantus, copiée d'après celle » de Troas : la dernière a pourtant cette particularité, que la » main droite eſt plus près du ſein, le plus grand doigt en » touchant le milieu ; la main gauche ſoutient un vêtement. » Mais celles-ci ſont repréſentées plus grandes & d'un âge plus » mûr que la Vénus de Médicis.

Winckelman Hiſt. de l'Art, tom. I. p. 279.

Cette ſtatue admirable n'a d'autre attribut que la beauté, (1) car les Génies qui ſe jouent ſur un Dauphin poſé derrière la

---

(1) On peut lui faire l'application d'un paſſage de Plaute (In Epidico, Act. V. Scen. 1.) *ab unguiculo ad capillum ſummum eſt feſtiviſſima.*

Il ſemble auſſi qu'Ovide y faſſe alluſion :

Ipſa Venus pubem, quoties Velamina ponit,
Protegitur lævâ ſemireducta manu.   De Art. Amand. Lib. 2.

Statue.

Statue y font plutôt placés comme ornement & pour faire
grouppe, que comme attribut ; & dans la comparaifon que l'on
fait de cet acceffoire avec la figure à laquelle il eft joint,
on ne fauroit reconnoître la même main. Quoiqu'il foit
très-poffible, & que nous foyons même perfuadés que cette
fameufe Statue repréfentoit Vénus, c'eft ici néanmoins le lieu
de s'élever contre l'abus dans lequel on tombe très-fouvent
en prenant de fimples femmes nues pour des Vénus.

On ne voit pas non plus pourquoi la pierre gravée dans le
même recueil feroit une Vénus Anadyomène, comme l'affure Gori. En effet, quoique la femme qui y eft repréfentée
tienne un gouvernail de la main droite, ce qui femble fignifier l'empire de la mer, & qu'elle ait devant elle un Cupidon
qui lui foutient le pied, autre trait de convenance avec Vénus ; néanmoins la figure principale étant fur un plan & adoffée
à un arbre, & le Cupidon lui-même ayant un genou en terre,
nous penfons que le Graveur n'auroit point atteint le but en
fe propofant de faire une Vénus Anadyomène. Les cheveux
d'une telle Vénus ne doivent pas être fi élégamment arrangés,
il faut qu'ils paroiffent mouillés, ainfi que nous en ayons cité
tant d'exemples, & elle doit y porter les deux mains comme
pour en exprimer l'écume & les fécher ; telle par exemple que
celle qui fe voit fur une pierre gravée au tome premier du Cabinet du Grand-Duc, & fur tant d'autres monumens.

Comme la première idée que les Anciens aient eue fur la divinité de Vénus eft celle qui la fait naître de la mer ; auffi eft-il
vraifemblable que la première forme fous laquelle on l'a repréfentée chez les Grecs, eft celle de l'inftant où elle fort de cet
élément. Nous parlons du temps où l'art de la Sculpture & de la
Peinture avoit déjà fait des progrès ; car nous verrons bientôt
que la Vénus de Paphos étoit bien différente, quoique peut-

C

Corinthiac. être la plus ancienne. Paufanias dit qu'à Corinthe, dans le temple de Neptune, la figure de Vénus fortant de l'eau étoit fculptée fur l'un des côtés de la bafe qui foutenoit le chariot de ce Dieu. Or, ce temple & ce chariot étoient des plus vieux monumens de la Grèce. Selon le même Auteur, on la voyoit I. Eliac. cap. XI. auffi repréfentée de cette forte fur la bafe du trône de Jupiter Olympien.

Ce qui vient d'être expofé juftifie fuffifamment la dénomination & l'étymologie du mot 'Αφροδίτη, quoiqu'Euripide (1) & Ariftote (2) femblent en indiquer une différente.

Suivant la defcription que fait Héfiode de la naiffance de Vénus, l'écume dont la Déeffe fut formée s'approcha d'abord de Cythère. Soit que le nom de cette ifle ait de l'analogie avec des effets que l'on attribue à Vénus (3), foit que le culte de la Déeffe y ait été fondé plutôt que dans un autre pays, les Poëtes en admettant cette tradition ont moins cherché à la difcuter & à l'éclaircir, qu'à la préfenter avec grace. On en voit un exemple dans Ovide, où Didon reprochant à Enée fa Dido Æn. v. 57. perfidie, s'exprime ainfi :

Nec violaffe fidem tentantibus æquora prodeft,
Perfidiæ pœnas exigit ille locus ;
Præcipuè cum læfus Amor : quia mater Amoris
Nuda Cytheriacis edita fertur aquis.

---

(1) Euripide le dérive d''Αφροσύνη, parce que, dit-il, ceux qui éprouvent les effets de l'Amour font comme infenfés.

(2) Ariftote, à la vérité, fait venir ce nom d''Αφρὸς, écume, mais la raifon qu'il en donne, c'eft que la nature de la femence eft d'être écumeufe.

(3) Voyez les étymologies que donnent de ce nom Phurnutus, édition de Gale, page 63, Gyraldi dans fon Hiftoire des Dieux, & Alciat dans fes Emblèmes.

Et ailleurs le même Poëte se plaint en ces termes, de la violence des feux qu'il ressent :

> *Sim licet infamis : dum me moderatius urat*
> *Quæ Paphon, & fluctu pulsa Cythera tenet.*

Amor. lib. II. Eleg. 17. v. 2.

L'épithète de *Cythéréenne* paroissoit si propre à la désigner, qu'elle est souvent employée seule sans le nom de Vénus. (1) Sur des médailles de Cythère, publiées par Goltzius, on voit la Déesse nue tenant une pomme & armée d'un arc, ce qui s'accorde assez bien avec le témoignage de Pausanias, qui dit qu'à Cythère il y avoit un temple de Vénus Uranie, l'un des plus anciens de la Grèce, dans lequel la statue étoit représentée armée. L'Auteur des Recherches Philosophiques sur les Egyptiens & les Chinois dit, que la Vénus Cythéréenne étoit la Nepthis de l'Egypte, ou la femme de Typhon ; mais ce savant auroit dû entrer dans quelques détails pour prouver cette assertion : il ajoute, que la Dorade lui étoit consacrée chez les Grecs ; nous l'apprenons, en effet, d'Athénée, qui fait mention d'un autre petit poisson nommé Ἀφύη, fort agréable à la Déesse.

Lacon. edit. Kuhn, p. 269.

Tom. I. p. 131.

Lib. VII. p. 328. & p. 325.

Hésiode, après avoir fait aborder Vénus à l'île de Cythère, ajoute, que de-là poussée par les flots, elle fut portée sur la côte de Cypre ; & Callimaque se servant d'une périphrase pour désigner ce pays dit, que c'est l'île où Vénus fut reçue en sortant de l'eau pour la première fois. (2) Cela pourroit

Hymn. in Del. v. 21.

---

(1)   Ἐϋριφανε Κυθέρεης.
              Homer. Hymn. IV. v. 6.

Κυπριγενέα Κυθέραν ἀείσομαι.
              Ibid. Hymn. IX. v. 1.

Oscula libavit natæ : dehinc talia fatur :
Parce metu Cytherea.   Æneid. I. v. 260.
Nec bis cincta Diana placet, nec nuda Cythere.
                        Auson. Epigram. 39.

Et le même, Epigr. 57. 100. Idyll. 332 & 357.
(2)   Καὶ ἣν ἀπενήξατο Κύπρις
              Ἐξ ὕδατος τὰ πρῶτα.

s’expliquer, en difant que fon culte paffa d’une ifle à l’autre : mais comme il fut établi apparemment dans la dernière avec plus de pompe, & d’une manière plus fpéciale, on aura pu dire qu’elle y étoit née.

Héfiode & Homere le marquent formellement en la nommant Κυπρογένεια ou Κυπρογενής, épithéte que l’on peut très-bien comparer à celle de Κρηταγενής donnée à Jupiter, comme un monument de fa naiffance dans l’ifle de Crete. Celles de Κύπρις & de *Cypria* dont fe font fervi les mêmes Poëtes, & plufieurs autres, dérivent de la première, & elles ont à peu-près une acception femblable.

On lit dans Macrobe que la ftatue de Vénus en Cypre la repréfentoit avec des habits de femme, mais de la taille d’homme & ayant de la barbe, ce qui faifoit croire, dit-il, qu’elle avoit les deux fexes. C’eft le feul Auteur qui faffe la defcription de la ftatue de Vénus Cyprienne. Elle eft bien différente en apparence de la Vénus Anadyomène ; & l’on voit ici une gradation d’idées dans la feconde manière de repréfenter la Déeffe avec les deux fexes, pour marquer fans doute l’influence qu’elle avoit fur la génération, ce dont nous verrons bientôt des exemples, & ce qui eft conforme aux opinions des Anciens fur l’élément dont ils fuppofoient que Vénus avoit été formée. Les Cypriens vendoient vraifemblablement aux étrangers & aux voyageurs que la dévotion conduifoit chez eux, de petites ftatues, copies de la principale qu’ils honoroient ; car Athénée parle d’une, qui ayant été achetée par un voyageur, fit un miracle en faveur de cet homme & de tous ceux qui étoient dans fon vaiffeau.

En fait de Mythologie, il ne faut pas trop ajouter foi aux Écrivains Eccléfiaftiques. Leurs récits font prefque toujours infidelles & outrés, parce que n’ayant pas une connoiffance affez profonde de l'Antiquité, ils manquent néceffairement de critique; ou parce qu'ayant à parler d'une Religion autre que la leur, ils fe laiffent emporter à l'excès de leur zèle. Y a-t-il en effet quelque raifon à dire que Vénus étant née en Cypre, elle y exerça la profeffion de Courtifanne qu'elle avoit inftituée; que les filles de l'ifle à fon exemple continuoient ce commerce indécent, & que l'argent qu'elles en retiroient étoit réfervé pour leur dot; que dans les fêtes & les myftères que l'on célébroit en l'honneur de la Déeffe, on commettoit mille infamies; que Pygmalion, Roi de Cypre, aveuglé par fa paffion avoit violé la ftatue; qu'enfin Vénus n'étoit autre chofe qu'une femme qui fervoit aux plaifirs de Cinyre, autre Roi de Cypre, & qu'en étant devenu éperduement amoureux, il la fit mettre au nombre des Dieux? Voilà cependant ce que Clément d'Alexandrie, Arnobe, Lactance, Firmicus & leurs imitateurs, auffi peu inftruits qu'eux, n'ont pas héfité de publier. C'eft ainfi que mal à propos on a voulu réalifer des chimères; & c'eft ce qui arrivera toujours à ceux qui feront incapables d'un examen férieux, ou qui n'auront pas le courage de remonter aux fources. Confultons plutôt les Anciens qui devoient mieux connoître la tradition de leur pays, & voyons ce qu'ils nous ont tranfmis du culte de Vénus à Cypre.

Il paroît que Cinyre eft l'auteur de ce culte, fuivant un paffage d'Apollodore, un autre du Scholiafte de Pindare fur la feconde Pythique, (1) par une glofe d'Hefychius, au mot Κινυράδαι, (2) qui eft le nom des Prêtreffes de Vénus fondées par Cinyre, & felon une explication donnée par Hygin. Les origines font toujours obfcures, c'eft pourquoi il peut fe préfenter ici des difficultés, pour ne pas dire des contradictions.

Apoll. lib. 3;

Fabl. CLXX.

---

(1) Ὁ δὲ Κινύρας οὗτός ἐστιν, ἀφ᾽ οὗ οἱ ἐν Κύπρῳ Κινυράδαι τῇ Θεᾷ ἀνέκειντο.

(2) Κινυράδαι, ἱερεῖς Ἀφροδίτης.

Arcad. p. 607.

Si l’on en croit Pausanias, Agapenor conduisit une colonie à Paphos, & il y fit bâtir un temple à Vénus, dont le culte, auparavant, étoit établi chez les Cypriens dans un petit village nommé *Golgi*, dont en effet il est parlé dans Théocrite & dans Catulle, comme étant sous la protection de la Déesse. Quel moyen de concilier ce sentiment avec celui des Auteurs qui disent que ce fut à Paphos que Cinyre établit le culte de Vénus, si l’on ne distingue avec Strabon & Mela (1) deux villes de Paphos, l’une ancienne, & l’autre nouvelle ? Que dira-t-on ensuite de la description faite par Macrobe de la statue de Vénus Cyprienne comparée avec l’effigie de cette Déesse conservée sur les monumens de Paphos ? Il faudra nécessairement convenir, ou que Macrobe s’est trompé, ou que cette statue n’a pas toujours été représentée de la même manière ; mais soit qu’elle ait été figurée avec les deux sexes, soit qu’elle l’ait été seulement comme une borne, on ne conçoit pas aisément comment Pygmalion l’auroit violée. Au reste, quelle que puisse être la cause du culte de Vénus en Cypre, il falloit que cela tînt à des circonstances qui fissent beaucoup de sensation, puisqu’elles donnèrent lieu à la fiction de sa naissance dans ce pays, & quelque part que ce culte fût établi, il ne dut pas tarder à être admis dans toute l’étendue de l’isle.

Théocrite, Idyll. 15. Catull. xxxvi. 14, & lxiv. 96.

Strab. lib. xiv. p. 683.

Il est bien sûr que Paphos, une de ses principales villes, a donné des marques de sa piété à cet égard : on en peut juger par les monumens qui nous en restent, par l’Oracle que nous savons y avoir été fondé, par le témoignage des Poëtes & des Historiens. Pline parle de son temple, où l’on voyoit un autel sur lequel la pluie ne tomboit jamais, quoiqu’il fût à découvert.

Lib. 11. 96.

---

(1) Et quo primum ex mari Venerem egressam accolæ affirmant, Palæpaphos, Mela. 11. 17.

'Apulée (1) nomme par préférence la ville de Paphos pour exemple du culte singulier que l'on y rendoit à Vénus. La description la plus complette que nous ayons de Vénus Paphienne se trouve dans Tacite. (2) Selon cet Historien le temple de la Déesse étoit en si grande réputation chez les étrangers, que l'Empereur Tite fit un voyage exprès pour le voir. Il étoit défendu de répandre sur l'autel le sang d'aucunes victimes ; on se contentoit d'y allumer du feu, qui servoit sans doute à brûler de l'encens, comme Virgile le fait entendre, (3) & l'on y faisoit des prieres. La figure de la Déesse, ajoute l'Historien, a la forme d'un cône, & s'éleve comme une borne, singularité, dit-il, dont la raison n'est point connue.

Il est étonnant que Tacite n'ait pas soupçonné que cette forme grossiere étoit un indice certain d'un culte fort ancien ; & que dans ces temps reculés les hommes ignorant encore le dessin, & conséquemment l'art de la Sculpture, n'avoient d'autres moyens de représenter leurs Divinités que par un signe

---

(1) Seu tu Cælestis Venus, quæ nunc circumfluo Paphi sacrario coleris. *Apul. Metam.* XI.

(2) Conditorem templi regem Aeriam vetus memoria ; quidam ipsius Deæ nomen id perhibent. Fama recentior tradit, à Cynira sacratum templum, Deamque ipsam conceptam mari, huc appulsam. Sed scientiam artemque haruspicum accitam, & Cilicem Thamiram intulisse. Atque ità pactum, ut familiæ utriusque posteri cærimoniis præsiderent. Mox, ne honore nullo regium genus peregrinam stirpem antecelleret, ipsâ quam intulerant, scientiâ hospites cessere : tantùm Cynirades sacerdos consulitur. Hostiæ, ut quisque vovit ; sed mares deliguntur. Certissima fides hædorum fibris. Sanguinem aræ obfundere vetitum : precibus & igne puro altaria adolentur, nec ullis imbribus quamquam in aperto, madescunt. Simulacrum Deæ non effigie humana : continuus orbis latiore initio tenuem in ambitum, metæ modo exsurgens & ratio in obscuro. *Tacit. Hist.* II. 3.

(3)   Ipsa Paphum sublimis abit, sedesque revisit
            Læta suas ; ubi templum illi, centumque Sabæo
            Ture calent aræ, sertisque recentibus halant.

de convention, qui n’étoit souvent qu’une masse informe, ou des pierres quarrées, comme faisoient les Arabes (1) & les Amazones. (2) Telles étoient la Junon à Thespie (3) & la Diane à Icare. La Diane *Patroa* (4) & le Jupiter *Milichius* à Corinthe n’étoient qu’une espèce de colonne. Le Jupiter *Casius* en Syrie étoit figuré par un rocher, (5) ainsi que la Mère des Dieux à Pessinunte. (6) Bacchus fut aussi honoré sous la figure d’une colonne; (7) l’Amour même (8) & les Graces (9) furent représentés par des pierres. A Sparte, Castor & Pollux avoient la figure de deux morceaux de bois parallèles, liés par deux autres morceaux en travers, (10) & cette figure très-ancienne Ⅱ est encore celle qui désigne les Gémeaux dans le Zodiaque. (11) La description que donne Maxime de Tyr (12) de la Vénus Paphienne est assez conforme à celle de Tacite. Il n’y a pas d’apparence que cette figure singulière représente un nombril, comme l’assure Tristan, (13) ou que ce soit un *Phallus*, symbole de fécondité, ainsi que l’avance M. l’Abbé Brotier. (14) Il seroit inutile de soupçonner du mystère dans ces monumens

---

(1) Maxim. Tyr. Dissert. VIII. §. 8.

Clem. Alexandr. Coh. ad gentes, cap. 18.

(2) Apollon. Argon. lib. II. v. 1176.

(3) Pausan. lib. VII. p. 579. Conf. lib. VIII. p. 665.

(4) Id. lib. II. p. 132.

(5) Vaillant. Numis. Select. p. 46.

(6) Liv. XXXIX. 8.

(7) Conf. Schwarz. Miscell. polit. humanit. p. 67.

(8) Pausan. lib. IX.

(9) Id. ibid.

(10) Plutarch. de Amore fratern. init.

(11) Palmer. Grentemesnil. exercit. in auct. Græc. p. 2233.

(12) Dissert. XXXVIII.

(13) Tom. I. p. 420.

(14) Notes sur Tacite, tome III. p. 407.

grossiers

groffiers, qui ne font autre chofe que la production de l'ignorance.

Les Éditeurs des Antiquités trouvées à Herculanum ont publié un tableau repréfentant une pyramide arrondie, placée au
milieu d'une efpèce de niche formée par des colonnes, au-
deffus defquelles eft un entablement couronné par des boules
ou vafes : le refte du tableau eft orné de plantes, de différentes
figures d'hommes & d'animaux. L'érudition qu'ils ont prodi-
guée fur Vénus Paphienne, qu'ils croient être figurée dans ce
monument, ne prouve point du tout ce qu'ils avancent; &
ils auroient dû la ménager avec plus d'ordre. D'ailleurs cette
borne ou pyramide affez élégante, pofée fur un piédeftal,
n'eft point conforme au récit de Tacite, & ne reffemble point
à la figure qui fe voit fur les médailles de Paphos.

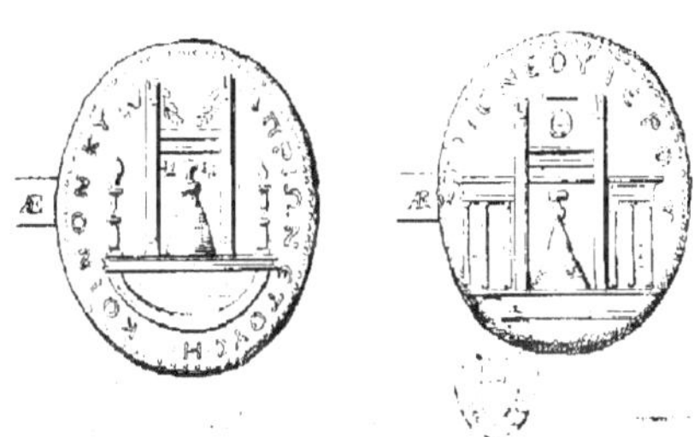

La fuperftition qui attachoit les peuples à cet ufage religieux
l'emporta fur le talent qui auroit pu le modifier avec avantage.
Malgré les progrès de l'art, cette forme bizarre fut employée
encore long-temps après, du moins fur les médailles, puifque
l'on en connoît de Vefpafien, de Tite & de Trajan, frappées
en Cypre, qui ont cette figure pyramidale. (1) Suétone fait

Vaillant Co-
lon. p. 10, 11,
& 28.

In Tit. cap, 3.

____

(1) Gebelin cependant publié une médaille de Paphos, qui a d'un côté une tête
de Vénus, & de l'autre un Cupidon armé d'un arc; il refte à favoir fi elle eft
antique.

Rec. des med. de Peupl. & de Vill. tom. 2. pl. 80. n°. 76. & tom. 3. pl. 135. n°. 9. Vaillant Num. Græc. p. 139. 145. 155.

mention de l'Oracle de Vénus Paphienne. Le culte de cette Déesse s'étendit dans des pays assez éloignés, comme il est prouvé par des médailles de *Chalcis* & d'*Ælia Capitolina*.

La légende ΠΑΦΙΗ ΣΑΡΔΙΑΝΩΝ, qui est sur plusieurs médailles, fait voir qu'il fut aussi admis dans la ville de Sardes. On lit dans Pausanias, que les habitans de l'isle de Paphos empruntèrent ce culte des Assyriens, les premiers qui aient honoré Vénus Céleste; qu'ils le transmirent aux Phéniciens d'Ascalon, & que ceux-ci le communiquèrent aux habitans de Cythère. Nous ne discuterons point ce récit, qui n'est pas fort lumineux, parce qu'il n'est peut-être pas assez fidèle; il n'est point question ici de Vénus Céleste; nous verrons dans la suite de cet Ouvrage ce qui la concerne, mais il faut se garder de confondre les idées, & de mêler ainsi les différentes religions. Nous n'avons à examiner que ce qui a rapport à celle des Grecs & des Romains, quoique nous ne soyons cependant point éloignés de parler des opinions des autres peuples sur Vénus, quand les circonstances paroîtront l'exiger. Les instructions nous manquent sur les cérémonies qui se pratiquoient Lib. xiv. p. 685. dans les fêtes de Vénus en Cypre & à Paphos: Strabon nous apprend seulement qu'elles étoient célébrées par un grand concours de peuples qui se rassembloient des autres villes, & que cette pompe solemnelle partoit de la nouvelle ville de Paphos pour l'ancienne. Le Directeur de ces fêtes étoit apHesychius.pellé Ἀγήτωρ, nom de sa charge; il devoit être choisi parmi les descendans de Cinyre, qui avoit réuni en sa personne le Plutarch. in Caton.Sacerdoce & la Royauté. C'est pourquoi Caton crut faire des offres très-avantageuses au Roi Ptolémée, en lui faisant dire que s'il vouloit céder l'isle, le Peuple Romain le feroit Prêtre de Vénus.

Les autres lieux de l'isle de Cypre, remarquables par leur vé-

nération pour la Déeſſe , ſont la ville d'*Idalium* & celle
d'Amathonte (1) d'où elle a tiré les ſurnoms d'*Idalia* & d'*A-
mathuſia*. On voit, dans Goltzius , une tête de Vénus ſur une
médaille qui a pour légende ΙΔΑΛΕΩΝ. C'eſt donc avec raiſon qu'Horace nomme Vénus *Diva potens Cypri* , & que les
Grecs l'ont déſignée par la périphraſe κρατῦσα Κύπρυ. Elle
étoit la Divinité tutélaire & principale de toute l'iſle, qui vraiſemblablement eſt le premier pays de la Grèce où elle ait été honorée. Mais pour avoir des notions exactes de ſes attributs, con-
tinuons d'analyſer l'idée qui lui fait tirer ſon origine de la mer.

C'étoit l'opinion des plus anciens Philoſophes, & particulièrement de Thalès, que l'eau étoit le principe de tout,
parce que la ſemence, ſource de la vie des animaux, eſt hu-
mide ; que les plantes ſe deſſéchant ſi elles viennent à man-
quer de la ſéve d'où elles tirent leur nourriture , c'eſt un
indice que l'humidité eſt le principe de leur végétation ;
qu'enfin le feu même du Soleil & des Aſtres , & par conſéquent le monde entier , étoit entretenu par les exhalaiſons de
l'eau, ce qui a fait dire à Homere que l'Océan étoit le prin-

Ariſtot. 1. I.
Phyſic. c. 6.

Plutarch. Pla-
cit. Philoſop. 1,
3.
Cicero in Lu-
cullo.
Idem. lib. 1.
de Nat. Deor.
Stob. Ecl.
Phyſ. 1. 13.

Iliad. xiv.
v. 201.

---

(1)   *Quæque regis Golgos , quæque Idalium frondoſam.*   Catull.

Eſt Amathus , eſt celſa mihi Paphos atque Cythera
Idaliæque domus.   Virgil.

Tunc vicina aſtris Erycino in vertice ſedes
Fundatur Veneri Idaliæ.   Æneid. v. 759.

Nam mihi quam dederit duplex Amathuntia curam.
                              Catull. XLVIII. 51.

Nam te jactari, non eſt Amathuſia noſtra
Tam rudis.   Vir. Cir. n. 242.

Capta viri forma non jam Cythereia curat
Littora: non alio repetit Paphon æquore cinctam,
Piſceſamque Cnidon, gravidamque Amathunta metallis.
                              Ovid. Metam. x.

Voyez auſſi Pline (lib. v. cap. 35.)

cipe de tous les êtres. Son imagination étoit trop riche pour s’arrêter à cette idée ; & si dans ce vers on reconnoît le Philofophe qui préfente une opinion fur le fyftême du monde, on retrouve bientôt le Poëte, qui par de féduifantes fictions crée des Dieux que le vulgaire fut affez ftupide pour adorer comme des êtres réels. Le fentiment par lequel on fuppofe l’eau principe de tout, joint au befoin d’inventer des Dieux, dut fournir aux Poëtes une ample matière ; & il étoit bien naturel qu’en perfonnifiant la Déeffe que l’on vouloit faire fervir à exprimer cette idée, on en fit la mère de tous les êtres & une beauté parfaite. Telle eft donc l’origine de la Divinité de Vénus. Les Poëtes, dit Plutarque, ont feint que Vénus tiroit fon origine de la mer, & que le fel étoit le principe de fon exiftence, pour faire paffer fous cette allégorie l’opinion qu’ils avoient de la vertu générative du fel ; en effet, ajoute-t-il, les Dieux marins font très-féconds, & ils paffent pour avoir beaucoup d’enfans. Parmi les animaux & les oifeaux terreftres il n’en eft aucun non plus qui foit comparable aux aquatiques pour la multiplication de l’efpèce ; & pour confirmer ce qu’il vient d’avancer, l’Auteur rapporte un vers d’Empedocle relatif à ce fujet. (1)

C’eft peut-être parce que la mer eft plus particulièrement du domaine de Vénus, que l’on a inventé la fable de fa métamorphofe en poiffon, lorfque les Géans déclarèrent la guerre aux Dieux. (2) Dom Montfaucon a fait graver, d’après différens Auteurs, plufieurs fujets concernant Vénus Marine, que l’on peut voir dans fon premier volume de l’Antiquité expliquée. Il fuit de-là que la coquille doit être mife au rang des attributs de cette Déeffe. (3)

(1)   Φιλει ἀυτὸν ἀιὰ πολυσπερεῖ καμασίνη.

(2)   *Pifce Venus Latuit.*   Ovid. Metam. liv. v. v. 331.
Vide Ovid. lib. 11. Faft. v. 461. & feq.
Et Manil. lib. iv. v. 577.
(3)   *Et faveas concha Cypria vecta tua.*   Tibull. iii. 3. v. 34.

Phurnutus & d'autres Auteurs admettent sur l'origine de Vé- De Venere.
nus le sentiment qui vient d'être exposé; (1) on ne sera donc point
surpris de la voir honorée comme la Nature elle - même, qui
nourrit & vivifie tous les êtres qu'elle renferme dans son sein : (2)

Quæ quoniam rerum naturam sola gubernas : Lucret. lib. 1.
Nec sine te quidquam dias in luminis oras
Exoritur ; neque fit lætum , neque amabile quicquam.

Que l'on consulte Homere (3) Euripide , (4) Eschyle, (5)

---

(1) Il nous reste un fragment du Poëme de Solin, intitulé *Ponticon*, dans lequel
l'Auteur donne un résultat de toute cette doctrine.

> *— Venus alma fove : quæ semine Cœli*
> *Parturiente salo, divini germinis æstu*
> *Spumea purpureis dum sanguinat unda profundis*
> *Nasceris è Pelago : placido Dea profata mundo.*
> *Nam quum prima fores rebus natura profundis*
> *In fædus connexa suum , ne staret inerti*
> *Machina mole vacans , tibi primum candidus æther*
> *Astrigeram faciem nitidam gemmavit Olympo.*
> *Te fecunda sinu tellus amplexa resedit*
> *Ponderibus librata suis : elementaque visa*
> *Ætherias servare vices : tu fætibus auges*
> *Cuncta suis. Totus pariter tibi parturit orbis.*

(2) C'est ce qui a fait que quelques Critiques d'après Ciceron , *de Nat. Deor. l. 2.*
ont dérivé le mot Vénus de *Venire* , *quòd omnia per eam veniant & oriantur*, étymologie qui ne paroît pas bien naturelle. Celle qu'en donne S. Augustin est aussi
sensée que tout ce qu'il a écrit sur les Dieux dans son chef - d'œuvre de la *Cité
de Dieu : quòd sine ejus vi* , dit-il , *fæmina virgo esse non desinat.*

D'autres croient que *Venus* vient du mot grec Βῖνις, en faisant un léger changement, & ils se fondent particulièrement sur ce passage de Suidas , Βῖνις ἡμίν ϑιὸς :
sur quoi l'on peut voir Selden *Syntagm. de Diis Syris* , p. 313-315 & 316.

(3) Hymn. IV. in Venerem.

(4) In Hyppolit.

(5) In Danaid.

l'Auteur des Hymnes attribués à Orphée, (1) Artemidore, (2)
on verra qu'ils en donnent tous cette idée, qui est très-bien
rendue par l'épithéte de Ζείδωρ⊙ que Plutarque cite d'Empedocle. Celles de πανωγάθ⊙, de χρυσῆ, d'*aurea*, de Βασίλισσα,
de πανωίτια & de πάνδια qui se lisent dans les Auteurs ou sur
les monumens, expriment tout à la fois sa bonté, sa fécondité,
sa puissance, son ancienneté & son immensité. Mais sur-tout
celle d'*Alma* que Lucrece lui donne au commencement de son
Poëme sur la Nature, lui convient très - bien sous ces différens rapports. La sublime invocation qu'il fait à cette Déesse
mérite d'être comparée avec le même sujet traité par Ovide,
qui a réuni dans des vers charmans tout ce que l'on en avoit
dit. (3) Ainsi les Anciens croyoient que la Monarchie de Vénus s'étendoit plus que celle d'aucune autre Divinité. Le Ciel
fut le partage de Jupiter, la Mer celui de Neptune, l'Enfer
celui de Pluton, mais Vénus regnoit dans ces trois mondes,
elle étoit l'ame de la Nature. Cette allégorie avec celle de l'A-
mour est, sans contredit, une des plus belles & des plus ingé-
nieuses qui aient été inventées. Il est fâcheux que dans les différentes applications que l'on en peut faire, dans la fable de

Plutarch.
Amator.
Gruter. p. 59,
Homer. Hymn.
in Ven.
Euripi. Hyp-
polit.
Æschyl. Da-
naid.
Lucian, Dia-
log. Mort. &
Charid. & de
Imagin.
Ovid. Paris
Helen.
Virgil. Æneid.
x. v. 16.
Dio. lib. 59.
Athen. lib.
XII.
Phurnut. edit.
Gal. p. 64.

---

(1) Hymn. 54. Cet Auteur dit la même chose de Cœlus, & de Jupiter ailleurs.

(2) Lib. 2. cap. 48.

(3)
Illa quidem totum dignissima temperat orbem :
Illa tenet nullo regna minora Deo ;
Juraque dat Cœlo, terræ, natalibus undis ;
Perque suos initus continet omne genus.
Illa Deos omnes (longum enumerare) creavit :
Illa satis caussas arboribusque dedit :
Illa rudes animos hominum contraxit in unum
Et docuit jungi cum pare quemque suâ.
Quid genus omne creat volucrum, nisi blanda voluptas ?
Nec coeant pecudes, si levis absit Amor.

Fast. lib. IV. v. 90 & seqq.

Pfyché, par exemple, on ne trouve plus d'enchaînement, &
qu'elle ne préfente point le fens naturel que l'on defireroit y
voir. Que doit-on penfer de Vénus indignée contre Pfyché,
parce que la beauté de cette mortelle faifoit déferter fes temples & abandonner fes autels ? (1)

Après avoir généralifé les idées des Anciens par rapport à
l'influence qu'ils donnoient à Vénus fur toute la Nature, il faut
fuivre les fubdivifions qu'ils paroiffent en avoir faites dans ce qui
concerne le foin & le gouvernement des jardins, la propagation de l'efpèce humaine, & les détails relatifs à ces objets.
Plaute cité par Pline attribue à Vénus la préfidence des jardins : (2) on retrouve la même opinion dans Varron (3) &
Feftus. (4) Selon ce dernier Grammairien, le mot de Vénus
eft pris figurément pour fignifier des légumes, de même que
celui de Cérès, pour fignifier du pain, & celui de Neptune,
des poiffons. L'infcription trouvée dans un jardin de Rome &
rapportée par Tomafin, ne prouveroit pas feule que Vénus
préfidât aux jardins. Un temple que l'on auroit élevé, ou une
chapelle que l'on auroit bâtie dans un jardin particulier n'em-
porteroit pas cette idée générale, fi elle n'étoit appuiée d'ailleurs par d'autres monumens. Paufanias (5) & Lucien (6) font

De Donar.
Veter.

---

(1) En rerum naturæ prifca parens, en elementorum origo initialis, en orbis totius
alma Venus, quæ cum mortali puella partiario majeftatis honore tractor.

Apul. Metam, lib. IV.

(2) Quamquam hortos tutelæ Veneris affignante Plauto. *Plin. lib. 19. c. 4.* Mais
on ne trouve point que Plaute en ait parlé.

(3) Horti tutelæ Veneris affignantur. *Varro, lib. 5. de L. L. & de re Ruftic, cap. 1.*

(4) Edi Neptunum, Cererem, Venerem. *Feft.* verbo *Ruftica Vinalia.*

(5) Ἐν κήποις Ἀφροδίτη. Paufan. Attic. cap. 19.

(6) Lucian. de Imag. tom. 2. edit. Gefn. p. 462.
Et Dialog. Meret. VII.

mention d'une Vénus des jardins, le plus parfait des ouvrages d'Alcamenes, & qui étoit une curiofité des plus remarquables d'Athènes. Ni l'un, ni l'autre n'en a fait la defcription ; mais l'on ne fait par quel caractère on doit juger que la femme répréfentée fur une pierre gravée du cabinet de Florence feroit une Vénus *Hortenfis*. L'épithéte de καρποφόρος dans Sophocle, cité par Plutarque, convient donc très-bien à Vénus. Nous verrons dans la fuite pourquoi le myrte, la rofe, le lys & le pavot lui étoient confacrés. Mercure & Priape ayant auffi une certaine intendance fur les jardins, lui ont été donnés pour affociés dans ce département.

Cincius, dans fon ouvrage fur les Faftes, avoit accufé d'ignorance ceux qui penfoient que le mois d'Avril étoit confacré à Vénus, & qu'il tiroit fa dénomination de cette Déeffe, parce que, felon lui, il n'y avoit aucune Fête indiquée, ni aucun facrifice inftitué pour elle en ce mois : que fon nom même n'étoit nullement célébré dans les Hymnes des Saliens, ainfi que celui des autres Dieux. Varron, dit Macrobe, paroît adopter ce fentiment, en difant que le nom de Vénus n'étoit pas encore connu du temps des Rois de Rome, ni en Grec, ni en Latin ; que conféquemment elle ne pouvoit avoir donné le nom au mois d'Avril ; mais que la Nature étant comme dans un engourdiffement pendant l'hyver, & qu'au printemps, le ciel devenant ferein, la mer étant libre pour les navigateurs, la terre enfin ouvrant fon fein pour fes productions, ce changement fubit faifoit croire que la Nature fe ranimoit en fe développant de nouveau, & que la véritable étymologie d'Avril venoit du mot *aperire*. Ce feroit une témérité que de rejetter la décifion du plus favant des Romains fur une matière qui eft de fa compétence ; cependant on pourroit bien admettre fon étymologie, fans être de fon avis pour le refte. Il feroit bien

étonnant

Tom. 2,
Gemm. Antiq.
tab. 62. n°.
VIII.
Præcept. conr.

Macrob. Saturn. I. cap. 12.

étonnant en effet que Vénus n'eût pas été connue des anciens Romains, eux qui paſſoient pour tirer leur origine de cette Déeſſe par Énée, d'où lui vient le ſurnom d'Ἀναδυς qu'on lit dans Denys d'Halicarnaſſe. Lib. 1.

Le dogme de ſon exiſtence eſt trop bien établi dans Ciceron pour que cette croyance n'ait pas eu cours long-temps avant lui. Mais s'il s'agit d'examiner avec les yeux de la critique l'étymologie conteſtée par Varron ; il ſemble qu'on peut lui oppoſer l'autorité d'un Romain, qui n'avoit ſurement pas moins de connoiſſances que lui dans la religion de ſon pays. Ovide revendique pour la Déeſſe l'honneur qu'on veut lui enlever d'avoir donné le nom au mois d'Avril, (1) ce qui feroit préférer le premier ſentiment que Macrobe avoit propoſé, (2) puiſqu'il eſt confirmé d'ailleurs par deux autorités d'un auſſi grand poids que celles d'Ovide & de Lucrece. (3) Les fêtes de Vé-

---

(1)
Quo non livor abit ? Sunt qui ſibi menſis honorem
Eripuiſſe velint , invideantque , Venus.
Nam quia ver aperit tunc omnia , denſaque cedit
Frigoris aſperitas , fœtaque terra parit ;
Aprilem memorant ab aperto tempore dictum :
Quem Venus injecta vindicat alma manu.

Faſt. lib. IV. v. 85. & ſeqq.

(2) Secundum menſem nominavit (Romulus) Aprilem ut quidam putant cum adſpiratione, quaſi Aphrilem, a ſpuma quam Græci Afron vocant, undè orta Venus creditur : & hanc Romuli fuiſſe aſſerunt rationem, ut primum quidem menſem a patre ſuo Marte, ſecundum ab Æneæ matre Venere nominaret; & hi potiſſimum anni principia ſervarent à quibus eſſet Romani nominis origo.   *Saturnal. II. cap. 12.*

(3)
Nam ſimul ac ſpecies patefacta eſt verna diei :
Et reſerata viget genitabilis aura Favoni :
Aeriæ primum volucres te Diva , tuamque
Significant initum , perculſæ corda tua vi.
Indè feræ pecudes perſultant pabula læta :
Et rapidos tranant amnes : ità capta lepore ,
Te ſequitur cupide quò quamque inducere pergis.
Denique per maria ac montes , fluvioſque rapaces
Frondiferaſque domos avium , campoſque virentes ,
Omnibus incutiens blandum per pectora amorem.   Lib. 1.

E

nus commençoient le premier jour du mois d'Avril, qui pour cela se nommoit *Mensis Veneris.* Les jeunes filles faisoient des veillées pendant trois nuits consécutives, elles se partageoient en plusieurs bandes, & l'on formoit dans chaque bande plusieurs chœurs. Le temps s'y passoit à danser & à chanter des hymnes en l'honneur de la Déesse. (1)

Au reste, quelque parti que l'on prenne à cet égard, on ne doit pas moins en reconnoître Vénus pour la cause efficiente des productions de la terre. Elle fut également regardée comme celle de la fécondité des hommes ; & c'est à cette occasion qu'elle a reçu le titre de Γενέτειρα, Γενεθυλλὶς, Γενέθλιος, ou de *Genitrix*, que l'on a cru qu'elle étoit une des Divinités qui présidoient aux nôces, & qu'on l'a confondue avec Junon.

Il ne faut pas prendre l'épithéte *Genitrix* dans un sens différent de celui qui est relatif à la fécondité, quoique l'on en ait souvent modifié l'acception pour des raisons particulières. Personne n'ignore l'histoire fabuleuse des amours de Vénus & d'Anchise ; elle étoit si accréditée chez les Romains, que l'on voit ce sujet sur des monumens. La médaille de César qui porte au revers le nom de **L. BVCA**, représente le rendez-vous des deux Amans au pied du mont Ida.

Apollodor. l. 3. p. 106.

Æneid 1. v. 621, & III. v. 475.

Bochart. de Æneæ adventu in Ital.

Mediobarb. in Jul.

Fulv. Ursin. p. 11.

Tristan, tom. 1. p. 22.

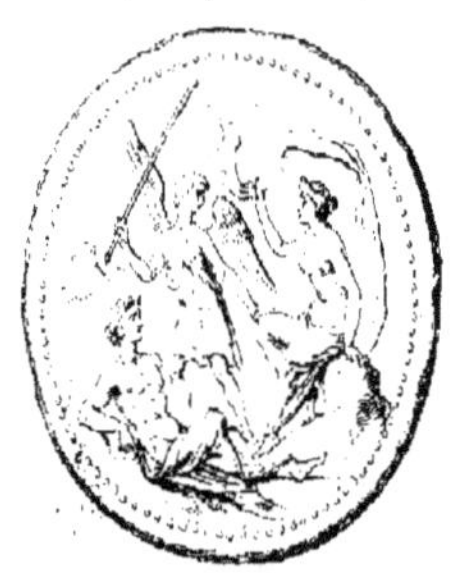

---

(1) Sed cum sol emersit ab inferioribus partibus terræ, Vernalisque æquinoctii transgreditur fines augendo diem : tunc est & Venus læta & pulcra virent arva segetibus, prata herbis, arbores foliis ; ideò majores nostri Aprilem mensem Veneri dicaverunt.

Macrob. Saturn. I. *cap.* 21.

Une autre de *Julia Domna*, bien remarquable & frappée dans la ville d'*Ilium*, les repréfente l'un & l'autre avec leurs noms.

Rec. de Med. de Peupl. & de Vill. tom. III. pl. CXXXIV. n°. 7.

Cette fable, que nous ne prétendons point expliquer, & dont on voit dans Homere une peinture fi intéreffante, a fait fur-nommer cette Déeffe *Genitrix*, (1) à caufe d'Énée, de qui les Romains tiroient vanité de defcendre. Quelques-uns lui ont donné le titre de *Romaine*. Jules Céfar affectoit d'avoir pour elle une vénération fingulière, ce qui fait que la tête de Vénus eft fi fouvent répétée fur les médailles de cet Empereur. Avant la bataille de Pharfale il lui voua un temple, qu'il fit élever enfuite en lui dédiant les dépouilles des ennemis : il inftitua en fon honneur des fpectacles & des jeux que Dion remarque avoir été célébrés fous Augufte. Ce magnifique édifice que Céfar lui éleva étoit dans le huitième quartier ; & la place nommée *Forum Cæfaris*, qui étoit elle-même fuperbement ornée, lui fervoit comme de parvis.

Prud. in Symmach.

Triftan. t. I. p. 16 & 23.

Oifel. Tab. XLIV. &c.

Dio. lib. XLIII. cap. 22.

Appian. Civil. lib. 3. p. 544.

Lib. XLIX. cap. 42.

P. Victor.

---

(1) *Æneadum Genitrix.*   Lucret lib. 1.

Arma rego Genitrix nato.   Æneid. VIII. v. 338.

--- *Venerifque ab origine proles*
Julia defcendit cœlo, cœlumque replevit.   Manil. I. v. 796.

Cumque hodiè in facris Martem patrem, Venerem Genitricem vocemus. *Macrob.*
Sat. I. 12.

Une autre acception de l'épithéte *Genitrix*, (1) eſt celle qui eſt employée ſur pluſieurs médailles d'Impératrices, qui ont pour légende VENVS GENITRIX & VENERI GENETRICI. Elle fait ordinairement alluſion à la fécondité de l'Impératrice ; ou bien c'eſt l'expreſſion des vœux que l'on formoit pour obtenir cette fécondité ; mais il eſt à remarquer que les figures repréſentées ſur ces médailles ne ſont pas toujours analogues à la légende. Tantôt c'eſt une femme qui tient de la droite une petite ſtatue, portant de la gauche une haſte , & ayant un enfant à ſes pieds. Sur d'autres, elle tient une victoire, & elle s'appuie ſur un bouclier. Sur pluſieurs, elle paroît tenant un globe ou la pomme d'une main , & s'appuiant de l'autre ſur une haſte. C'étoit un excès de flatterie de la part des peuples qui repréſentoient ſouvent les Empereurs & les Impératrices ſous la figure de Divinités , comme il y en a tant d'exemples. On voit dans le Cabinet du Grand-Duc une ſtatue que Gori a publiée ſous le nom de *Venus Genitrix*, & que nous nous contentons d'indiquer.

Les Romains qui avoient ainſi reſtreint la dénomination de *Genitrix*, y attachérent auſſi le même ſens que les Grecs, c'eſt-à-dire, qu'ils donnérent cet attribut à Vénus pour exprimer ſon influence ſur la propagation de l'eſpèce humaine, & en la conſidérant , ainſi que ces peuples, comme une des Divinités qui préſident aux nôces. On trouve cette doctrine établie dans Homere , dans Plutarque & d'autres Écrivains. Les Grecs adreſſoient des vœux à Junon, à Vénus & aux Graces pour obtenir des enfans. Dans la ville d'Hermione les filles & les veuves faiſoient des ſacrifices à

<hr>

(1) Ce titre ſe lit ſur pluſieurs inſcriptions publiées par Gruter , Reineſius & Muratori.

Vénus avant leurs nôces : Perſe, dans une de ſes Satyres, fait alluſion à la coutume des jeunes perſonnes du ſexe qui, lorſqu'elles étoient ſur le point de ſe marier, lui offroient leurs poupées pour ſe la rendre favorable. (1) Quelques Auteurs croient que Vénus conſidérée ſous ce rapport étoit auſſi ſurnommée *Libentina* ou *Lubentina*. Tibulle, en parlant des peines qu'endurent les criminels dans le Tartare, dit que les Danaïdes y expient le crime horrible qu'elles ont commis contre la Divinité de Vénus, pour avoir violé la foi conjugale, en égorgeant leurs époux. (2) Nous ne croyons pouvoir mieux placer qu'ici les ſurnoms de Νύμφη, de *Migonitis* & de *Melænis* qui lui ſont donnés par Pauſanias. Le premier n'a pas beſoin d'explication : à l'égard du ſecond, on prétend que ſur le rivage qui eſt vis-à-vis de l'iſle de *Cranae* en Laconie, il y avoit un temple de Vénus, que Pâris avoit fait bâtir après l'enlèvement d'Hélène, pour perpétuer les tranſports de ſa joie & de ſa reconnoiſſance; qu'il donna à cette Vénus l'épithéte de *Migonitis*, & nomma le territoire *Migonion* d'un mot qui ſignifioit l'avanture galante qui s'y étoit paſſée. (3) Sur cela, il faut s'en rapporter à Pauſanias, ainſi que ſur l'épithéte de *Melænis* qu'il dit avoir été donnée à Vénus, parce que les hommes choiſiſſent préférablement la nuit pour les myſtères amoureux, tandis que les autres animaux s'approchent de leurs femelles pendant le jour. Quoi qu'il en ſoit, la Déeſſe avoit une petite chapelle en Arcadie, & une autre en Bœotie, où elle étoit honorée ſous ce titre. Vénus *Melænis*, ou la Noire, avoit auſſi un temple dans

Varr. de L. L. 5. 6. Cicer. 2. de Nat. Deor. 61.

Corinth. p. 185. Lacon. p. 266. Bœot. p. 763.

Pauſan. Arcad. p. 610.

---

(1)   *Nempe hoc quod Veneri donatæ a Virgine Pupæ.*   Perſ. Sat. 2.

(2)   *Et Danai proles, Veneris quod numina læſit*
        In cava Lethæas dolia portat aquas.   Lib. 1. Eleg. III. v. 79.

(3) Ce mot viendroit-il de μίγνυμι *miſceo?*

Athen. lib. 13.
p. 588.

Article Laïs.
un fauxbourg de Corinthe ; ce fut elle qui apparut en fonge à
la Courtifanne Laïs , pour lui annoncer l'arrivée d'amans fort
riches. Sur quoi Bayle fait une affez plaifante réflexion : fi le
fondement du furnom *Melænis* , dit - il , étoit folide , on ne
trouveroit pas que Vénus , en tant que Noire , eût dû fe montrer en fonge à la jeune Laïs , qui n'étoit pas deftinée à fe
piquer de la diftinction des jours & des nuits.

Quelque defir que nous ayons d'interpréter de la manière la
plus avantageufe les furnoms de Vénus , nous ne pouvons cependant déguifer que les Anciens n'aient mêlé un peu de galanterie dans le culte qu'ils lui ont rendu. L'idée qu'ils fe formoient de cette Divinité devoit naturellement les y conduire ; &
c'étoit une fuite de la politeffe de leurs mœurs. Selon Tibulle (1) elle exige beaucoup de difcrétion de la part des amans;
& Ovide affure qu'elle veut que fes facrifices foient couverts
des voiles du myftère. (2) Ainfi nous croyons que l'épithéte
de Μυχαία & celle de Ψίθυρος qu'elle reçut en Grèce , ré-
pondent très-bien à cette idée. (3) Nous ignorons fi c'eft pour
Arcad. la même raifon qu'on lui éleva un temple en Arcadie , où elle
étoit honorée fous le nom de Μηχανῖτις. Paufanias dans lequel

____

(1)   *Celari vult fua furta Venus.*   Tibull. lib. 1. El. 2.

(2)   *Præcipuè Cytherea jubet fua facra taceri,*
             Admoneo, veniat ne quis ad illa loquax.
             Condita fi non funt Veneris myfteria ciftis ,
             Nec cava vefanis ictibus æra fonant ,
             Attamen inter nos medio verfantur in ufu
             Sed fic inter nos , ut latuiffe velint.   Ovid. de art. Amand. 11.

(3) Le mot Μυχαία vient de μυχὸς , *feceffus , latebra , abditus locus.*

Meurfius (*Attic. quæft.*) a fait une longue diatribe fur l'épithéte Ψίθυρος , fans
l'expliquer en aucune manière. Mais il eft vraifemblable qu'elle ne peut préfenter
d'autre fens que celui qui vient d'en être donné. Mercure & Cupidon avoient
auffi le titre de Ψίθυρις. On ne peut admettre la raifon de ceux qui difent que
Théfée avoit fait placer ces Divinités à Athènes en mémoire de l'injufte accufation in-
tentée par Phèdre contre Hyppolite.

ce fait eſt conſigné, donne la deſcription de ſa ſtatue qui étoit de bois, à l'exception de la bouche, des mains & des pieds. Il nous apprend encore que c'étoit un ouvrage de Damophon, mais il n'explique point l'épithète de la Déeſſe, qui ſignifie *machiniſte, ingénieuſe*, & que nous hazarderons d'interpréter par celle de Δολόπλοκος dont ſe ſert Sapho, & par des vers d'Ovide, qui prouvent combien le deſir de plaire rend induſtrieux. (1)

L'explication vague donnée par Athénée du mot ἑταίρα, qui a été auſſi un des titres de Vénus, nous engage à le placer ici : cette explication eſt priſe d'Apollodore qui dit, qu'on avoit ainſi qualifié la Déeſſe, parce qu'elle raſſembloit les amis & les amies, qu'elle formoit leur amitié, & qu'elle cimentoit leur union. En effet, continue Athénée, les femmes honnêtes, & même les jeunes filles, appellent ἑταίρας les perſonnes avec leſquelles elles avoient une liaiſon plus particulière. Il en cite deux exemples tirés de Sapho, & il dit que l'on avoit élevé pluſieurs temples en Grèce à Vénus ῾Εταίρα. Vouloit-on marquer par-là qu'elle préſidoit à l'amitié ainſi qu'à l'amour ? Le même Auteur ajoute néanmoins que le mot ἑταίρα ſignifioit auſſi une maîtreſſe, une courtiſanne, ce qui laiſſe dans l'incertitude ſur ſa véritable acception.

Comme les Anciens avoient attribué à Junon l'inſpection ſur les mariages, & qu'ils lui avoient même donné à cette occaſion pluſieurs épithètes qui en étoient un témoignage, il n'eſt pas étonnant que ſous ce rapport ils aient confondu Vénus avec cette Déeſſe, & l'on appercevra aiſément l'analogie de leurs idées, quand on ſe rappellera que Junon, ſelon eux, étoit l'air,

Hymn. in
Ven.

Lib. 13. p. 571.

& que Vénus étoit le principe de tous les êtres. Pausanias est néanmoins le seul auteur qui donne un exemple de ces deux noms réunis, c'est lorsqu'il parle d'une statue antique appellée par les habitans de Laconie *Vénus Junon*, sur laquelle il n'insiste pas davantage.

Vénus a été mise par les Anciens au nombre des Divinités infernales, parce qu'ils attribuoient, sans doute, à la même Divinité ce qui concernoit la naissance & la mort des hommes. C'est ce que fait entendre Plutarque dans sa vie de Numa, & mieux encore dans ses Questions Romaines, où il observe qu'on voyoit à Delphes une statue de Vénus Ἐπιτυμβία devant laquelle on faisoit des libations pour les morts. Il est même très-vraisemblable que la Déesse *Libitina* des Latins n'étoit autre chose que Vénus. (1)

Toutes ces idées, déduites de la première qui a été présentée au commencement de ce Mémoire, nous conduisent insensiblement à celle qui fait de Vénus la Déesse de la Volupté, (2) la Reine des Graces, (3) la mère des Amours, (4) qui inspire aux deux sexes des desirs réciproques (5) en leur donnant la

(1)
Effert uxores Fabius Christilla maritos,
Funereamque toris quassat uterque facem.
Victores committe Venus, quos iste manebit
Exitus, una duos ut Libitina ferat.   Martial. VIII. 43. 1.

(2)   --- *Hominum Divûmque voluptas.*   Lucret. 1.

(3)   Χαρίτων Βασίλεια.   Coluth.

(4)   *Tenerorum mater Amorum.*   Ovid. Amor, lib. III. El. 15.
     Mater sæva Cupidinum.   Horat. 1. Carm. Od. 19.

(5) *Sic igitur Veneris qui telis accipit ictum,*
Sive puer membris muliebribus tunc jaculatur,
Seu mulier, toto jactans è corpore amorem:
Undè feritur eò tendit, gestitque coire,
Et jacere humorem in corpus de corpore ductum,
Namque voluptatem præsagit multa cupido.
Hæc Venus est nobis: hinc ductum nomen Amoris.   Lucret. Lib. IV.

douce

douce, (1) & quelquefois la violente impulfion de s'unir, (2) cette Souveraine en un mot, dont la vengeance a été quelquefois fi funefte à ceux qui avoient méprifé fes loix, ou qui avoient voulu fe fouftraire à fon empire. C'eft principalement à cette idée que fe font arrêtés les Poëtes quand ils ont perfonnifié Vénus. C'eft peut-être auffi ce qui a donné lieu à la diftinction d'une Vénus Pudique, & d'une autre qui ne l'étoit pas, à laquelle on imputoit les excès défordonnés de l'amour & les effets honteux du libertinage. Il ne faut pas croire qu'on l'ait pour cela furnommée Πόρνη, & que l'on en ait fait une Courtifanne, ainfi que l'ont affuré quelques Commentateurs modernes, qui avoient puifé cette opinion ridicule dans Lactance. Il eft bien vrai qu'Athénée rapporte d'après Pamphile, que dans Abyde on avoit élevé un temple à Vénus fous le titre de Πόρνη, parce qu'une Courtifanne avoit adroitement délivré la ville foumife au pouvoir de l'ennemi; mais c'étoit uniquement pour perpétuer le fouvenir de l'avantage procuré par une perfonne de cet état; & on ne peut inférer de là qu'on ait donné cette épithète à une Déeffe pour indiquer qu'elle avoit inftitué la profeffion de Courtifanne, & qu'elle préfidoit aux mauvais lieux. Il ne falloit donc pas fe plaindre fi amèrement de ce que le Légiflateur Solon avoit établi à Athènes le temple de Vénus *la Proftituée*, comme le célébre Boffuet l'a fait dans fon petit ouvrage fur l'Hiftoire Univerfelle.

Il en eft de même des épithètes Ἀνόσια & Ἀνδρόφονος. Elles ne fignifient point que Vénus fût impie ou homicide; elles

Giraldi, Patin, &c.

Athen. lib. 13. p. 572.

In-4°. p. 256.

---

(1)   *Omnibus incutiens blandum per pectora amorem.*   Lucret. 1.

(2)   *In me tota ruens Venus.*   Horat.
         Sic vifum Veneri cui placet impares
         Formas atque animos fub juga ahenea
         Sævo mittere cum joco.   Horat.

F

lui furent feulement données par une circonftance particulière.
Laïs, cette Courtifanne célébre, dont les charmes avoient en-
flammé la Grèce, pour fe fervir des termes de Plutarque, étant
devenue amoureufe d'un jeune Theffalien nommé *Hippolo-*
chus, elle le fuivit en Theffalie : les femmes de ce pays con-
çurent une fi grande jaloufie de fa beauté, qu'après l'avoir
fait entrer de force dans le temple de Vénus, elles l'y tuérent
à coups de pierres. Le Theffalien que Plutarque appelle *Hip-*
polochus, eft nommé *Paufanias* par Athénée. Ils conviennent
l'un & l'autre que le temple de Vénus dans lequel Laïs fut
tuée acquit un furnom qui conferva la mémoire de ce crime :
c'eft, felon Plutarque, le temple de Vénus *Homicide*, Ἀφροδίτης
Ἀνδροφόνου, & felon Athénée, le temple de Vénus *Profanée*,
Ἀνοσίας Ἀφροδίτης. Il y a d'autres fentimens fur le genre de mort
de Laïs & fur les raifons qui en furent la caufe, nous
fommes difpenfés de les examiner ici ; nous ne rapportons cet
exemple que pour en faire un parallèle avec l'épithète de
Πόρνη, & pour montrer qu'elle eft moins une dénomination
propre de la Déeffe que l'indication d'un événement, qui n'a
qu'un rapport fort éloigné avec elle.

Quelque libertinage que l'on fuppofe, on ne pourra non
plus imaginer que la proftitution ait jamais été confacrée par
la religion, & en ufage parmi tout un peuple policé, ou que
des pères & des maris aient confenti à des procédés fi désho-
norans, en les juftifiant par l'autorité d'une Divinité qui les auroit favorifés, quoiqu'en difent Hérodote, Strabon, Juftin &
les Écrivains poftérieurs, qui ont tâché de mettre à profit des
argumens fi deftitués de bon fens. La feule fable des Propétides, habitantes de l'ifle de Cypre, qui paffent pour être les
premieres qui fe foient proftituées, par un effet de la colère de
Vénus, feroit fuffifante pour oppofer à tant d'affertions hazardées

fans preuves. Comment donc un tel conte a-t-il pu s'accréditer ? C'est qu'un Historien crédule & trompé par de fauffes
relations , l'aura d'abord publié comme vrai ; un fecond l'aura
répété fur la foi du premier ; un troifième , l'ayant trouvé plai-
fant , n'aura pas manqué de l'embellir : & le témoignage de
plufieurs ainfi réuni , fera devenu une autorité pour la tourbe
des compilateurs modernes , dont une partie favoit moins pefer
les raifons que compter les fuffrages ; & dont l'autre , intéreffée
à donner de la vraifemblance à de telles infamies , fe formoit
avec une maligne complaifance cette chimère , pour avoir le
mérite de la combattre.

On a donné à Vénus l'épithète de *Phyfica* , qui exprime
plus honnêtement fon action fur les deux fexes , ainfi que les
defirs réciproques qu'elle fait naître. C'eft pour cela que l'on
a dit qu'elle étoit mère de l'Amour ou de Cupidon , figuré par
un enfant qui eft toujours à fa fuite ; (1) & que l'on a formé
fon cortége des Graces qui ornent tout , & ajoutent encore à
la beauté , des Nymphes qui préfentent la Volupté dans les lieux
qu'elles habitent , de la Jeuneffe , qui indique l'âge des plaifirs ,
& de Mercure , (2) ce Dieu complaifant dont la douce élo-

Reinef. Infcrip.
claff. I. XVIII.

Hefiod. Theog.
v. 101.

---

(1)   *--- Veneremque & illi*
        Semper hærentem puerum canebat.   Horat. 1. Carmin.

(2) Cette union de Mercure & de Vénus paroit fondée fur ce que la beauté eft encore
plus touchante , lorfqu'elle eft accompagnée des graces du langage & des charmes fé-
duifans du difcours. Plufieurs Auteurs ont accordé le don de l'éloquence à Vénus ; Héfiode
n'oublie point ce talent dans l'énumération qu'il fait des agrémens qu'elle eut en partage.

Παρθενίους τ' ὀάρους , μειδήματα τ' ἐξαπάτας τε ,
Τέρψιν τε γλυκερήν , φιλότητά τε , μειλιχίην τε.

Theogon. v.
205.

Lucrece , *Lib.* 1. la fupplie de répandre fur fes écrits cette grace qui en fait tout le mérite :
Quo magis æternum da dictis , Diva , leporem.
Et ailleurs il invoque la Déeffe en ces termes:
Hunc tu , Diva , tuo recubantem corpore fancto
Circumfufa fuper juaves ex ore loquelas
Funde , petens placidam Romanis inclyta pacem.

quence fait fe faire entendre au cœur ; cortége charmant qu'Horace a fi heureufement réuni dans une feule ftance. (1) Bacchus
a été auffi affocié à Vénus : il étoit convenable que la Déeffe
des ris & des jeux fût accompagnée d'un Dieu qui les mène
à fa fuite. (2) Elle en eft plus agréable lorfqu'elle eft unie à
lui ; (3) elle ne peut même abfolument fe paffer de fon fecours. (4) Et pour terminer ces ingénieufes fictions, y a t-il
rien de plus merveilleux que le *Cefte* enchanteur qu'Homere
décrit comme un tiffu diverfifié qui réceloit tous les charmes ? (5) Quelle Déeffe ou quelle mortelle auroit ofé impu-
nément lui difputer le prix de la beauté ? La Pomme que
Páris lui donna, comme à la plus belle, éternife la victoire
qu'elle remporta fur Junon & Pallas. Elle fut vaincre le Dieu

Iliad. lib. XIV.
v. 214.

---

(1)　　*Fervidus tecum puer, & folutis*
Gratiæ zonis, properentque Nymphæ,
Et parum comis fine te Juventas,
Mercuriufque.　　　　Carm. 1. Od. XXX.

(2)　　*Lætitiæ Bacchus dator.*　　Æneid. 1.

(3)　　Τερπνοτέρα Ἀφροδίτη μετὰ Διόνυσον.
　　　　　　　　　Lucian. Amor. p. 410.

(4)　　*Sine Cerere & Libero friget Venus.*
　　　　　　　　　Terent. Eun. act. IV. fcen. 5.

Πλεῖς τε πίνειν ὅπες Ἀφροδίτης γάλα.
　　　　　　　　　Athen. Lib. X. p. 444.

(5) L'Abbé Winckelman a fait fur le Cefte ou la Ceinture de Vénus une obfervation
importante que nous croyons devoir rapporter, » Vénus drappée, dit-il, eft toujours
» repréfentée fur le marbre avec deux ceintures , dont la feconde eft placée au-
» deffous du bas ventre. Elle fe voit ainfi placée à la Vénus à tête d'après nature
» qui eft à côté de Mars au Capitole , & à la belle Vénus, qui étoit autrefois au
» Palais Spada. Cette ceinture inférieure eft propre de cette Déeffe feule , & c'eft
» celle que les Poëtes appellent particulièrement la ceinture de Vénus. Perfonne
» n'avoit encore fait cette obfervation. Lorfque Junon voulut plaire à Jupiter , elle
» la demanda à Vénus, & la plaça dans fon giron, felon l'expreffion d'Homere, c'eft-
» à-dire , à l'entour & au-deffous du ventre , qui eft la place de cette ceinture fur
» lefdites ftatues. *Hift. de l'Art. tom. I. p. 337.*

des combats lui-même, qui ne put réfister à fes attraits, & l'O-
lympe affemblé fut témoin des amours de Mars & de la honte de
Vulcain. Il n'eft point de notre objet de développer le fens caché
& la fuite de cette allégorie que Lucien & Plutarque croient
avoir rapport à l'Aftrologie; mais nous nous arrêterons un inftant au titre que Vénus reçut, & aux autres attributs qui lui
furent donnés en conféquence. Homere, (1) Lucrece, (2)
Ovide, (3) *Nonnus* (4) & Stace (5) ont célébré le triomphe
de la Déeffe de la beauté fur le Dieu de la guerre. Deux
monumens gravés dans le volumineux ouvrage de Montfaucon,
une ftatue publiée par Gori, trois pierres gravées expliquées
par le même Auteur, deux tableaux trouvés dans les ruines
d'Herculanum, & plufieurs autres monumens de l'Antiquité
nous repréfentent ce fujet. Paufanias parle d'une chapelle de
Vénus qui n'étoit fans doute furnommée Ἀρεία qu'à caufe de

De Aftrol.
tom. 2. p. 369.
De Audiend.
Poet.

Tom. 1. part.
1. liv. 111. ch.
11. pl. XLVII.
& XLVIII.
Muf. Flor. Stat.
Ibid. Gemm.
ant. tom. 2.
Tab. 73.
Antiq. d'Her-
cul. Pictur. t.
1. p. 154.
Lacon. p. 251.

---

(1) Odyff. VIII.

(2)
> *Nam tu fola potes tranquilla pace juvare*
> *Mortales : quoniam belli fera munera Mavors*
> *Armipotens regit : in gremium qui fæpè tuum fe*
> *Rejicit æterno devictus vulnere Amoris ;*
> *Atque ità fufpiciens tereti cervice repofta*
> *Pafcit amore avidos inhians in te, Dea, vifus :*
> *E que tuo pendet refupini fpiritus ore.* Lucret. 1.

(3)
> *Fabula narratur toto notiffima cælo*
> *Mulciberis capti Marfque Venufque dolis.*
> *Mars pater, infano Veneris turbatus amore,*
> *De Duce terribili factus amator erat.* Art. Amat. II. v. 561.

(4)
> Ἀπτόλεμος γὰρ
> Κύπρις ἀριστεύει πλέον ἄρεος, &c. Dyonifiac. XXXV.

(5)
> *Gaudet ovans juffis, & adhuc temone calenti*
> *Fervidus, in lævum torquet Gradivus habenas.*
> *Jamque iter extremum, cælique abrupta tenebat,*
> *Cum Venus ante ipfos, nulla formidine greffum*
> *Figit equos. Ceffere retro, jam jamque rigentes*
> *Suppliciter pofuere jubar,* Thebaid. Lib. III. v. 260.

fon affinité avec Mars. Il est très-vraisemblable que la victoire qu'elle remporta fur Junon & Pallas lui mérita le titre de *Victrix*, (1) ainsi que fon pouvoir fur le Dieu de la Guerre; & c'est avec raifon qu'un Poëte a dit, que la force de Vénus étoit grande, & qu'elle remportoit toujours la victoire. (2) Une infcription trouvée fous la statue de cette Déesse à Rome exprime très-bien l'afcendant qu'elle avoit fur les autres Dieux. (3) Les monumens nous la repréfentent ordinairement nue ou prefque nue appuiée fur un cippe, tenant un cafque, & de l'autre main une hafte, avec un bouclier à fon côté. Sur une médaille de Jules Céfar, elle paroit nue tenant de fa main droite une statue de la Victoire, de la gauche une hafte, ou un bouclier appuié fur un globe. Ailleurs elle tient de la main droite un cafque, de la gauche elle femble lever fon voile, à fon côté est un cippe fur lequel fe repofe un aigle; de l'autre côté une enfeigne légionaire plantée en terre. Quelquefois elle est montée fur une proue de vaiffeau. Toutes ces attitudes qui fe voient fur des médailles Romaines pouvoient être copiées d'après les diverfes statues de la Déesse que les Romains regardoient comme leur mère. Rome en étoit remplie. Une de ces statues avoit donné fon nom à une rue du feptième quartier dit *via lata, vicus ſtatuæ Veneris*. Plufieurs médailles d'Impératrices nous préfentent la légende *Venus Victrix*, de même que fur

Sophocl. Trachin.

Muſ. Flor. Gemm. antiq. Tab. 71. n°. 4. 5. & 6. Antiq. Expliq. tom. 1. planch. CIV. Triſtan tom. 1. p. 26.

P. Victor.

Mezabarb. in Jul. in Tit.

Vaillant in Crifpin.

---

(1) Varron en donne une autre raifon. *Victrix Venus .... non quod vincere velit Venus, ſed quod vincire, & vinciri ipſa.* De L. L. p. 15.

(2)   Μετὰ τί ἄϑλης ἄ
        Κύπρις, ἐκφέρεται νίκας ἀεί.

(3)   *Sol calet igne meo, flagrat Neptunus in undis,*
      Penſa dedi Alcidæ, Bacchum ſervire coegi,
      Quamvis liber erat, feci ſervire Tonantem,
      Quamvis liber erat, Martem fine Marte ſubegi.
                  Gruter, pag. 60.

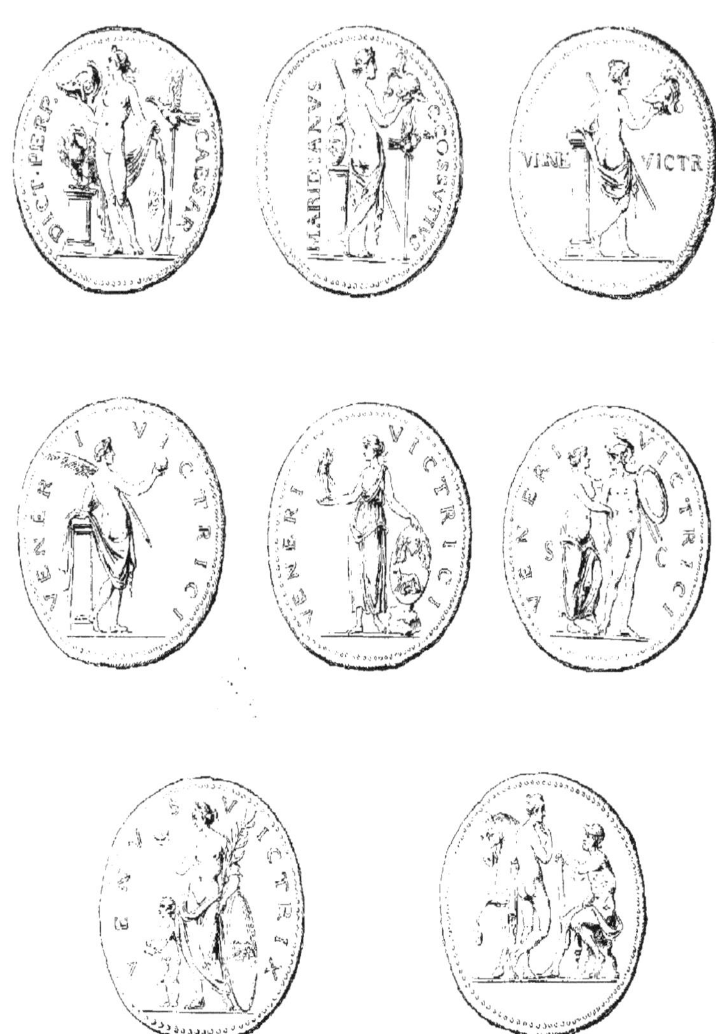

celles de quelques Empereurs on voit celle de *Jupiter Victor*, souvent pour des raisons plutôt relatives à l'Empereur ou à l'Impératrice qu'à la Divinité, comme nous l'avons déjà remarqué. On trouve aussi ce titre sur des Inscriptions. Plutarque nous apprend que Pompée consacra une chapelle en l'honneur de Vénus Victorieuse. Les Romains lui élevérent un temple, à la dédicace duquel vingt éléphans combattirent dans le Cirque : enfin elle est qualifiée de ΚΥΠΡΙ ΤΡΟΠΑΙΟΦΟΡΕ, dans une Epigramme Grecque. On peut juger par les médailles ici gravées de quelle manière les Romains la repréfentoient.

Soit que l'idée de victoire emporte celle de combat, & par conféquent des armes ; soit que l'on suppose que la Déesse ait enlevé celles de Mars, les Auteurs font souvent mention de Vénus *Armée*, laquelle ne doit guères différer de Vénus Victorieuse. Mais si, pour vaincre, il lui suffisoit de se présenter avec ses charmes, quel devoit être son avantage lorsqu'elle étoit armée ? (1) *Moschus* (2) & Lucrece (3) lui donnent des flèches. Dans *Silius Italicus*, elle se fait gloire de les prêter aux Amours. (4) Ses armes en effet étoient assez semblables

Plautill.
Valerian.
Magn. Urbic.
Gordian. P.
Salonina.
Numerian.
Gal. Valer.
Muratori, t.
I. pag. LVIII.
Plut. in Pomp.
Plin.

Spanhem. de præst. & usu, t. 2. p. 75.

---

(1)
Armatam vidit Venerem Lacedæmone Pallas :
Nunc certemus, ait, judice vel Paride.
Cui Venus : armatam tu me, temeraria, cernis ;
Quæ, quo te vici tempore, nuda fui.
                    Auson. Epigram. XLI.

(2)
'Ανίτοισιν ὑπεδρήκεις βελέεσσι
Κύπριδος.   Idyll. 2. v. 75.

(3)
Sic igitur Veneris quæ telis accipit ictum.
                    Lucret.

(4)
                    --- *Omnia parvis*
Si mea tela dedi, blando medicata veneno.
                    Sil. lib. VII.

Pag. 41. à celles de son fils : une pierre gravée dans Beger la représente faisant des efforts pour les lui enlever, ou ne lui cédant qu'avec peine.

Elle avoit appris à porter le carquois, elle savoit se servir de l'arc & des flèches ; (1) c'est pour cela que Médée dans Euripide la supplie de ne jamais en décocher contre elle. (2) On ne peut s'empêcher de reconnoître ici l'allégorie ; le carquois, l'arc & les flèches ne font que des symboles du pouvoir de la beauté, des charmes du langage, & de mille autres moyens séduisans que le beau Sexe emploie avec tant d'avantage. (3) Les armes de Vénus, toutes sûres qu'elles étoient, ne pouvoient donc pas être regardées comme des armes pro-

----

(1)
    Αὐτὴ μὲν Κυθέρεια φέρειν δέδαεν φαρέτρην,
    Τόξα τε, καὶ δολιχῆς ἔργον ἐκηβολίης.

Julian. Ægypt. Anthol. IV. 12. Ep. 21.

(2)
    Μή ποτ' ὦ δέσποιν' ἐπ' ἐμοὶ
    Χρυσέων τόξων ἐφίης
    Ἱμέρῳ χρίσασ' ἄφυκτον οἰστόν.   Euripid. Med.

(3) Anacréon, dans son Ode sur les Femmes, a rendu cette pensée avec l'élégance qui lui est ordinaire ; en voici le sens :

La Nature donna des cornes aux taureaux, des pieds aux chevaux pour leur défense ; elle enseigna aux lièvres à prendre la fuite, elle arma les lions de dents menaçantes ; elle apprit aux poissons à nager, aux oiseaux à voler ; enfin, elle accorda la prudence aux hommes. Il ne lui restoit rien pour les femmes : que pouvoit-elle donc faire en leur faveur ? Elle leur fit présent de la beauté, qui leur tient lieu de toutes sortes d'armes, & à laquelle ni le fer, ni la flamme ne peuvent résister.

pres

pres aux combats, & deſtinées à répandre le ſang des hommes
dans les batailles. Cependant il paroîtroit que les habitans de
l'iſle de Cypre en ont eu cette idée, puiſque, ſelon *Heſychius*,
ils lui ont donné une épithéte qui ne convient qu'à une Divinité guerriere. (1) Il eſt très-poſſible que de certains peuples,
les Lacédémoniens, par exemple, l'aient armée de pied en cap.
Cette nation donnoit une lance aux Dieux & aux Déeſſes
qu'elle honoroit, pour faire entendre, dit Plutarque, qu'elle   *Plutarch: an-*
ne reconnoiſſoit que des Divinités qui préſidoient à la guerre.   *tiq. Lacedæm.*
                                                                   Inſt.
On lit dans l'Anthologie pluſieurs épigrammes ſur la ſtatue de
Vénus armée à Lacédémone : il y eſt dit que cette parure   *Lib. iv. cap.*
ſied bien à la maîtreſſe du Dieu Mars & à une Lacédémonienne. *12.*
Laſtance raconte une anecdote, qui, ſelon lui, a donné lieu
à la repréſentation de Vénus armée chez les Lacédémoniens, (2) mais il eſt étonnant que Pauſanias ne l'ait pas connue, & qu'il n'en diſe rien à l'occaſion de la petite chapelle   *Lacon. p.*
bâtie ſur une montagne de Laconie, & dans laquelle on voyoit *146.*
une ſtatue de Vénus armée. Cette chapelle, ou ce petit temple, lui parut, dit-il, le plus remarquable de tous ceux qu'il
eût vus, en ce qu'il y avoit au deſſus une ſeconde chapelle où
étoit placée une autre ſtatue de Vénus nommée Μορφώ, dont
il fait la deſcription, ſans donner l'explication de ce ſurnom.

---

(1) Ἐσκείας Ἀφροδίτη Κύπριοι.

(2) Lacedæmonii quum Meſſenios obſiderent, & illi furtim deceptis obſeſſoribus
egreſſi, ad diripiendam Lacedæmonem cucuriſſent, à Spartanis mulieribus fuſi
fugatique ſunt. Cognitis autem hoſtium inſidiis, Lacedæmonii ſequebantur. His
armatæ mulieres obviam longiùs exierunt ; quæ cum viros ſuos cernerent pa-
rare ſe ad pugnam, quod putarent Meſſenios eſſe, corpora ſua nudaverunt. At
illi uxoribus cognitis, & aſpectu in libidinem concitati, ſicut erant armati, permiſti
ſunt utique promiſcuè, nec enim vacabat diſcernere. Sic Juvenes ab iiſdem anteà
miſſi, miſti cum virginibus, ex quibus ſunt Parthenii nati ; propter hujus facti memo-
riam ædem Veneri armatæ, ſimulacrumque poſuerunt.

G

Miſcell. Lacon. lib. II. c. XV. & lib. IV. cap. XVI.

Lacon. p. 269.

Corinth. p. 121.

Pittur. t. III. p. 71.

Il ne réſulte rien de celle que l'on trouve dans Meurſius, qui a fait deux longs articles ſur ce mot.

Pauſanias fait mention de deux autres ſtatues de Vénus armée, l'une à Cythère, & l'autre à Corinthe. Nous liſons auſſi dans Dion, que Jules Céſar portoit une Vénus armée gravée ſur ſon anneau. Les Éditeurs des Antiquités d'Herculanum ont publié un tableau repréſentant une jeune femme vêtue d'une robe rouge : elle a des cheveux blonds, des braſſelets d'or, elle eſt armée d'un arc & d'une flèche : après avoir fait remarquer que cela peut convenir à Diane, ou à une Nymphe de ſa ſuite, ou à Atalante ; ce tableau leur rappelle enfin une des épigrammes de l'Anthologie, que nous avons déjà citée, & qui a pour objet Vénus armée. Nous ne hazarderons point un jugement ſur cette figure, nous croyons cependant qu'elle n'eſt point aſſez caractériſée pour dire que ce ſoit Vénus armée. Les Peintres anciens pouvoient faire des portraits & des tableaux de fantaiſie comme ceux de notre temps.

Les effets de l'amour, bien ou mal ordonné, étant imputés à la même cauſe, c'eſt-à-dire à Vénus : quelques Interprètes ont cru que les ſurnoms d'Οὐρανία, ou de *Cæleſtis*, & de Πάνδημος, ou de *Popularis*, avoient été donnés à cette Déeſſe relativement à la qualité des amours qu'elle inſpiroit. (1) Cela revient à la diviſion de Platon. (2) Pauſanias dit, que l'on voyoit à Thèbes trois ſtatues antiques de Vénus ; la première Οὐρανία, qui inſpire le pur amour exempt de cupidité ; la ſeconde, Πάνδημος, qui excite l'amour du plaiſir des ſens ; la troiſième, Ἀποστροφία, dont la fonction eſt de détourner des amours honteux.

Bœot. p. 746.

---

(1) On a donné ces deux épithétes à l'Amour pour la même raiſon. *Plutarch. in Amator. p. 764.*

(2) Voyez au commencement de ce Mémoire.

La Déesse que l'on adoroit en Syrie, & dans presque tout l'Orient, étoit honorée en Europe sous le nom de Vénus *Uranie*. Les Arabes l'appelloient *Alilat* ou *Alitta*, les Assyriens *Mylitta*, les Perses *Mitra*, les Phéniciens *Astarté*, (1) les Ascalonites *Derceto* ou *Atergatis*, les Chaldéens *Delephat*, les Babyloniens *Salambo*, les Sarrasins *Cabar*. Elle reçut aussi en Orient des noms pris du lieu où elle étoit honorée. Celui de *Byblia* vient de la ville de *Byblos*, dans laquelle on lui rendoit un culte singulier ; & c'étoit là que l'on célébroit les fêtes d'Adonis ; elle avoit un temple sur le mont Liban où l'on croit qu'elle étoit invoquée sous le nom d'*Architis*. Macrobe en fait une description, (2) qui ne se trouve peut-être dans aucun autre Auteur. Bochart la confond avec celle qui est nommée *Aphacitis*.

En rapprochant ces noms, & en conciliant les idées que l'on y attachoit, on verra que toutes ces Divinités qui paroissent différentes, ne sont autre chose que la Vénus *Céleste* ou *Uranie* des Grecs, qui vraisemblablement en eurent connoissance par les Phéniciens que le commerce attiroit dans leurs ports. La Vénus Syrienne passoit pour avoir les deux sexes. Les cérémonies de son culte étoient variées, & pour les célébrer, on se servoit d'habits d'hommes ou de femmes suivant les circonstances, d'où vient sans doute la distinction de *Lunus* & de *Luna* ; c'est de là qu'on lit dans un ancien Poëte

Herodot.
Hyd. de Rel.
Ver. Perf.
Suidas.
Hesychius.
Isidor. Char.
Selden.

Lucian. de
Dea Syrâ.

Phaleg. p. 305.
Voy. aussi ibid.
col. 748. 749.
750.

Macrob. Saturn. III. c. 8.

---

(1) Τὴν δὲ Ἀστάρτην Φοίνικες τὴν Ἀφροδίτην εἶναι λέγουσι. *Sanchoniaton*, qui dit qu'elle est la fille de *Cælus*, ou Οὐρανὸς.

(2) Simulacrum hujus Deæ (Veneris Architidis) in monte Libano fingitur capite obnupto, specie tristi, faciem manu lævâ intra amictum sustinens, lacrymæ visione conspicientium manare creduntur.

Saturnal, lib. I. cap. 21.

pollentemque Deum Venerem , (1) qu'Ariſtophane ſe ſert du mot Ἀφρόδιτον au neutre, & Heſychius d'Ἀφρόδιτος au maſculin. C'eſt auſſi pour cela vraiſemblablement que les habitans de l'iſle de Cypre repréſentoient Vénus avec de la barbe & des habits de femme. Cela s'accorde encore avec un paſſage de Varron ſur la cauſe de la naiſſance des êtres qu'il dit être l'eau & le feu, (2) celui-ci mâle & l'autre femelle.

L'examen des différentes Divinités de l'Orient dont nous venons de parler , leur correſpondance avec la Vénus *Uranie* des Grecs exigeroit des recherches immenſes & de longues diſcuſſions , qui d'ailleurs ſont étrangeres à notre ſujet : on trouveroit ſur cela beaucoup d'éclairciſſemens dans l'ouvrage de Lucien , qui traite de la Déeſſe de Syrie ; & parmi la foule des Critiques modernes qui en ont parlé en ſe copiant mutuellement, on pourroit conſulter Selden, Bochart & Voſſius, qui méritent d'être diſtingués des autres. Nous croions encore devoir remarquer que ſur des médailles de Béryte on voit une figure fort bizarre pour ſa forme & pour ſes attributs, que les Antiquaires ſont convenus de nommer Aſtarté.

---

(1) Il n'y a cependant point d'apparence que ce ſoit par ce motif que Virgile a fait dire à Enée :

Diſcedo ac ducente Deo flammam inter & hoſtes
Expedior.   Æneid. XII.

Enée ne pouvoit, en parlant de ſa mere , en avoir une idée ſi ſinguliere ; & l'on voit que le Poëte a pris le genre pour l'eſpèce.

Quant aux idées des Grecs qu'il nous importe plus de connoitre fur Vénus Célefte, il paroît qu'ils lui avoient donné ce titre, foit parce qu'ils avoient égard à fon origine qu'elle tiroit de *Cælus*, foit parce qu'ils la faifoient préfider au chafte amour, foit enfin parce qu'ils la confidéroient comme la Lune.

Nous avons déjà obfervé d'après Paufanias, que les Phéniciens avoient porté en Grèce le culte de la Déeffe, que les habitans de ce pays nommèrent depuis dans leur langue Vénus *Uranie*; en changeant le nom, ils n'auront pas manqué non plus d'en reftreindre ou d'en étendre, & d'en modifier les acceptions felon leurs caprices : ce font des mélanges femblables qui occafionnent principalement la confufion affreufe que l'on trouve dans la Mythologie.

Le culte de Vénus Célefte étoit établi à Thèbes en Béotie : cette Déeffe étoit en grande vénération en Égire, où l'entrée de fon temple étoit interdite aux hommes : on voyoit à Cythère un autre temple de Vénus *Uranie*, qui paffoit pour le plus ancien & le plus célebre de tous ceux que Vénus ait eus dans la Grèce, fa ftatue y étoit armée. En Élide on admiroit une ftatue de Vénus *Célefte* d'or & d'yvoire, ouvrage de Phidias, elle repréfentoit la Déeffe avec le pied pofé fur une tortue, fymbole fort remarquable, dont Paufanias ignore la raifon, & que Plutarque dit avoir rapport à la vie fédentaire & tranquille qui convient aux femmes. Mais cette tortue ne feroit jamais un attribut effentiel de Vénus *Célefte*, puifque nous venons de voir que celle de Cythère étoit armée. Il n'eft donc pas fûr que la tortue y eût aucun rapport ; il eft

Attic.

Paufan. Bœot.

Id. Achaic.

Id. Lacon.

Id. Eliac.

---

(1) Cauffa nafcendi duplex ; ignis & aqua .... Mas ignis quod ibi femen ; aqua fæmina quod fœtus ab ejus humore & eorum junctione fumit Venus .... Poetæ de Cœlo femen igneum cecidiffe dicunt in mare, ac natam è fpumeis Venerem, conjunctione ignis & humoris. *Varro de L. L. p. 15.*

même très-possible que Vénus considérée sous son titre de
Célefte n'eût point d'attribut distinctif, & que la seule convention eût engagé à qualifier ainsi la Déesse représentée de
telle ou telle manière. Il y a des Divinités dont l'attribut est
fixé par le surnom qui leur est donné : Jupiter *Fulgerator* doit
être armé de la foudre, Jupiter *Ammon* ne peut être repré-
senté qu'avec des cornes de bélier, la Diane d'Ephése est
caractérisée par plusieurs mammelles, par les appuis sur lesquels
ses bras sont portés, & par les autres symboles dont ses vête-
mens sont chargés. Il arrivoit cependant que l'on représentoit
des Divinités avec un de leurs attributs essentiels, & que le
surnom qu'on leur donnoit étoit souvent peu analogue à cet
attribut.

Cette observation, que nous croions n'avoir été faite jusqu'ici par aucun Antiquaire, peut s'appliquer à la Vénus *Cé-*
lefte avec le pied posé sur la tortue. On ne paroîtroit donc
pas fondé à prendre pour Vénus *Célefte* une statue de femme,
parce que la partie supérieure de son corps seroit nue, &
l'inférieure drappée, comme celle que l'on voit dans le Cabinet du Grand-Duc. Quoique cette statue ait pu être honorée autrefois comme celle de Vénus *Célefte*, elle n'a cependant point de caractère particulier qui nous indique sû-
rement que ce soit elle. Sur trois médailles, dont la première est de *Julia*, femme de Severe, la seconde de *Soëmias*,
& la troisième de *Magnia Urbica*, on voit une femme vêtue
& debout portant de la main droite une pomme, tenant de
la gauche une haste, & pour légende VENUS CAELESTIS,
ce qui ne marque pas davantage le caractère de Vénus Célefte ; cela confirme au contraire notre sentiment, en ce que
cet attribut ne s'accorde point avec les autres dont on vient
de parler. Reinesius & Gruter ont recueilli des Inscriptions

qui prouvent que les Romains honoroient Vénus fous le titre
de *Cæleſtis*.

Le fens de cette épithète eſt en quelque forte déterminé
par fon oppofition à celle de Πάνδημος. L'une eſt toujours   Theocrit Epig.
prife en bonne part, tandis que l'on attache ordinairement   13.
à l'autre une idée défavantageufe. Les Habitans de la ville
de *Synnades* en Phrygie donnérent la qualification de Πάνδημος à Jupiter, parce qu'il fe tenoit chez eux une grande   Vaillant Se-
                                                               lect. Numis. p.
affemblée, à laquelle ils faifoient préfider ce Dieu, ou parce   294.
que fa ſtatue étoit près du lieu où le peuple s'affembloit. Vénus reçut le même titre chez les Athéniens, parce que fa   Apollodor. de
                                                               Diis.
ſtatue étoit auſſi près de la place publique où fe tenoient les   Harpocration.
                                                               Suidas.
affemblées : Théfée établit fon culte après avoir réuni dans
la ville d'Athènes le peuple auparavant difperfé dans les
champs, & Solon lui fit bâtir un temple dans une place de
cette ville. Mais les Auteurs anciens nous préfentent une   Paufan. Attic.
                                                               p. 51.
autre acception de l'épithète Πάνδημος. Théocrite dans fa
treizième épigramme l'oppofe à celle de Célefte. (1) Oppien (2)   Cyneg. A. v.
                                                               382.

---

(1)   Ἡ Κύπρις ἡ πάνδημος. ἱλάσκεο τὴν θεὸν εἰπὼν
       Οὐρανίαν.

(2)   Εἴαρι πόντος ὅλος δὲ περισμαραγᾶ κυθερείη,
       Καὶ νέποδες γαμέοντες ἐπιφρίσσουσι γαλήνη.
       Εἴαρι καὶ τρήρωνες ἐπιθύνουσι πελείαις.
       Ἵπποι δ' ἀγραύλοις ἐπὶ φορβάσιν ὁπλίζονται,
       Ταῦροι δ' ἀγροτέρας ἐπὶ πόρτιας ὁρμαίνουσι,
       Καὶ κτίλοι εἱλικόεντες ἐν εἴαρι μηλοβατεῦσι,
       Καὶ κάπροι πυρόεντες ἐποχμάζουσι σύεσσι,
       Καὶ χίμαροι λασίοισιν ἐφιππεύουσι χιμαίραις.
       Καὶ δ' αὐταῖς μερόπεσσιν ἐν εἴαρι μᾶλλον ἔρωτες.
       Εἴαρι γὰρ πάνδημος ἐπιβρίθει κυθέρεια.

en qualifiant de Πάνδημος la Vénus qui porte les hommes &
les animaux à s'unir chacun avec la femelle de leur espèce,
fait assez entendre qu'il veut parler de la Déesse du plaisir.
Par l'explication que Pausanias en donne dans son Voyage de
Béotie, on voit que cet Auteur n'en avoit pas une autre
idée : (1) dans celui d'Élide, il fait mention d'une statue de
Vénus surnommée Πάνδημος, ouvrage de Scopas, ainsi que le
bouc sur lequel elle étoit assise, & quoiqu'il paroisse ignorer
pourquoi la Déesse est assise sur ce bouc, il est bien sûr que
cet animal très lascif est ici le symbole des plaisirs effrénés. (2)
Dans le Dialogue septième des *Courtisannes*, une mère parlant d'un jeune homme qui s'épuisoit en promesses auprès de
sa fille sans lui faire le plus petit présent, dit à celle-ci avec
dérision : si nous trouvons encore quelque galant de cette espèce, il faudra que nous fassions le sacrifice d'une chèvre
blanche à Vénus *Populaire*.

On a une notion assez satisfaisante de ce que les Anciens
ont pensé des deux Vénus, dans une réflexion de Lucien sur
les deux Amours qui en font les effets. L'un, dit-il, impé-
tueux, excite dans l'esprit une agitation violente : il est ora-
geux comme la mer dont il tire son origine, & les passions
qu'il produit peuvent être comparées à des tempêtes occasion-
nées par Vénus *Populaire*. L'autre au contraire est Céleste, il
nous attire comme avec une chaine d'or ; bien loin de faire
des blessures profondes & incurables, il nous conduit à la
jouissance d'une beauté pure qui ne souffre point d'altération ;
ses transports ne font qu'élever notre esprit & nous rapprocher
des Dieux. Ce texte de Lucien est encore expliqué & confirmé

Bœot. p. 742.

Lucian. Meret.
Dialog. 7.

Demosthen.
Encom. 13.

---

(1)   Πάνδημος δὲ, ἐπὶ ταῖς μίξει.

(2)   *Splendidior vitro tenero lascivior hædo,*   Ovid.

par

par un autre d'Apulée aussi formel. (1) Ainsi l'amour inspiré
par Vénus *Populaire* étoit cet amour violent & effréné qu'Horace a si bien peint en ces vers :

> *Cùm tibi flagrans amor, & libido,*
> *Quæ solet matres furiare equorum,*
> *Sæviet circà jecur ulcerosum.*

Od. lib. I. 25.

En un mot, tout ce qui avoit rapport à la passion de l'amour
dépendoit absolument de Vénus. C'est ce qui a fait attribuer
à la vengence de cette Déesse la fureur utérine qui a porté
certaines femmes à des excès incroyables, & les desordres honteux de quelques hommes. C'est ce qui a fait dire aussi qu'elle étoit
redoutable aux personnes qui l'avoient offensée. La prostitution des Propétides fut la peine du mépris qu'elles avoient fait
de Vénus. (2) Phedre regarde sa passion pour Hyppolite
comme un effet de la vengeance de la Déesse contre toute
la famille du Soleil, (3) vengeance qu'éprouvérent aussi Circé,

Euripid. in
Hyppolit.
Servius ad
Eclog. VI. &
Æneid. VI. 14.

---

(1) Mitto enim dicere alta illa & divina Platonica, rarissimo cuique piorum
gnara, cæterum omnibus profanis incognita : geminam esse Venerem Deam, pro-
prio quamque amore, & diversis amatoribus pollentes. Earum alteram Vulgariam,
quæ sit percita populari amore, non modo humanis animis, verùm etiam pecuinis
& ferinis ad libidinem imperitare, ut immodico trucique perculsorum animalium
serva corpora complexu vincientem : alteram verò Cœlitem Venerem, prædita quæ
sit optimati amore, solis hominibus, & eorum paucis curare, nullis ad turpitudinem
stimulis vel illecebris sectatores suos percellentem.

   Apul. Apolog. edit. in usum Delph. p. 419. 420.

(2)   *Sunt tamen obscenæ Venerem Propætides ausæ*
  Esse negare Deam : pro qua sua, numinis irâ
  Corpora cum forma primæ vulgasse feruntur. Ovid. Met. l. 10. v. 238.

(3)   *Forsitan hunc generis fato reddamus amorem;*
  Et Venus è tota gente tributa petat. Ovid. Phæd Hyppolit. v. 54.

  Exigit indicii memorem Cytherëia pœnam. Id. Metam. IV. v. 190.

   Stirpem perosa Solis invisi Venus
   Per nos catenas vindicat Martis sui.

    Senec. Hyppolit. 114.

H

Médée, Pasiphaë & Dircé. (1) La punition des femmes de Lemnos que l'on dit être fondée sur ce qu'elles ne lui offroient plus de sacrifices, ou sur d'autres motifs, vient aussi, selon quelques Auteurs, de ce que le filet par le moyen duquel Vulcain découvrit aux Dieux l'adultère de Vénus, avoit été fabriqué dans cette isle. Egialée fut punie d'une ardente lubricité, parce que Dioméde son mari avoit blessé Vénus devant Troie. Hyacinthe fut le fruit des amours secrets de Clio, parce que cette Muse avoit osé reprocher à Vénus d'aimer Adonis. Si ce reproche étoit un crime impardonnable, il faut convenir que la punition n'étoit pas proportionnée. Le courroux de Vénus, qui s'étendoit aux descendans jusqu'aux générations les plus reculées, ne se concilie pas trop bien non plus avec sa passion pour Adonis, dont elle avoit poussé la mère à un inceste. L'Aurore elle-même ne fut point exempte de ses poursuites; parce qu'elle avoit partagé les amours de Mars, elle étoit sans cesse tourmentée d'une passion violente, qui lui fit enlever Orion pour le transporter dans l'isle de Délos.

La vengeance que Vénus tiroit des hommes étoit encore plus cruelle. Les Scythes qui pillérent son temple d'Ascalon furent frappés, ainsi que leurs descendans, de la maladie des femmes, selon Hérodote, qui laisse à deviner ce que pouvoit être cette maladie. Patin en sa qualité de Médecin sembloit avoir plus de droit qu'un autre de décider la question ; & il n'hésite point de dire, qu'il s'agit de ce que nous appellons la maladie vénérienne. Quelques-uns ont cru que c'étoit l'a-

---

Sensit Diva dolos, jampridem sponte requirens
Colchida, & invisi genus omne exscindere Phœbi,
Tùm verò optatis potitur.

Valer. Flacc. Argon. lib. vi.

mour illicite que des hommes ont les uns pour les autres. Ce dernier fentiment, malgré fa fingularité, pourroit être auto-rifé par l'hiftoire de Philoctète, qui avoit tué Pâris, & dont Vénus fe vengea en lui infpirant ce goût dépravé, fi l'on en croit le Scholiafte de Thucydide, & comme le font entendre Martial (1) & Aufone. (2) En voilà plus qu'il n'en faut, ce femble, pour juftifier l'épithète d'Οἰστροφόρος, qui eft don-née à Vénus dans une épigramme de l'Anthologie. (3) On peut ranger dans la même claffe celles de ΘΙΜΒΡΗ, qui fe

Ad Lib. 1.

Lib. VII. pag. 469. edit. 1602.

-----

(1)
  Mollis erat facilifque viris Pæantius heros :
  Vulnera fic Paridis dicitur ulta Venus.   Lib. 2. Epigr. 84.

(2)
  Præter legitimi genitalia fædera cætus,
  Repperit obfcænas Veneres vitiofa libido.
  Herculis hæredi quam Lemnia fuafit egeftat,
  Quam toga facundi fcenis agitavit Afrani. &c.   Aufon. Epigr. 71.

(3) Le terme Οἶστρος a été confacré chez les Grecs pour exprimer les accès violens d'un tempérament de feu. Anacréon fe plaignant de la bleffure qu'il a reçue de l'Amour, fait fentir toute l'énergie de l'expreffion οἶστρος.

    --- Καὶ μὴ τύπτει
   Μίαν ἧπαρ, ὥσπερ οἶστρος.
      Od. III.

Apollodore s'en fert (*Lib.* II. 10.) en parlant des troupeaux d'Hercule que Junon difperfa ταὶς βουσὶν οἶστρον ἐνέβαλεν. Et ailleurs (*Lib.* II. 3.) à l'occafion d'Io méta-morphofée en vache, il dit que Junon τῇ βοῒ οἶστρον ἐμβάλλει. Hefychius a très bien défini le mot οἶστρος; Ἀφροδισίων τύρωσις, le defir ardent & preffant de la jouiffan-ce. Suidas rend celui d'Οἰστροις par ἡ γαλυμανία, qui exprime peut-être moins l'a-mour des hommes pour les femmes, que la maladie de celles-ci, nommée *Nym-phomanie*, ou fureur utérine.

Le mot οἶστρος eft auffi appliqué aux poiffons. Hérodote II. 93. parlant de certains poiffons, dit ἐπεὰν σφέας ἴοῃ οἶστρος κινήσκεσθαι. Oppien fe fert également de ce terme, *Halieut.* I. 473.

   Εἴαρι δὲ γλυκὺς οἶστρος ἀναγκαίης Ἀφροδίτης.

Les Latins ont imité cette façon de parler, en employant dans le même fens le mot *æftrum.* C'eft pour cela qu'on lit dans le Poëme de *Ciris* attribué à Virgile (v. 184.)

   Horribili præceps impellitur aftro.

H ij

Protrept. tom.
I. p. 33.
Maffei Gall.
Antiq. p. 166.

Bayle, Dic-
tionn. tom. 2.
p. 709. A.

lit dans Callimaque, (1) de Περίβασις, employée par Clément d'Alexandrie, (2) & de Πασιφάεσσα, sur laquelle le Préfident Bouhier a fait des remarques. (3)

Au refte, on ne reconnoiffoit dans tout l'Orient qu'une Vénus qui étoit la *Célefte* ou *Uranie* ; elle préfidoit à la génération, & par conféquent à l'amour des corps ; d'où il s'enfuit que cette diftinction de Vénus *Célefte* & de Vénus *Populaire* chez les Grecs ne fervoit qu'à défigner les différens effets d'une même caufe. L'amour, dit un Critique moderne, a fait commettre mille fautes à des perfonnes dont elles voyoient fi clairement la honte, qu'elles ont tâché de les préve- nir en appellant la raifon à leur fecours, & en faifant bien des fouhaits de ne pas aimer. Il leur paroiffoit naturel de con- clure qu'elles n'étoient point la caufe de leur mauvaife con- duite, en tant qu'elles avoient un entendement raifonnable. Cette premiere conclufion les conduifit à celle-ci, qu'une caufe externe & fupérieure à toutes leurs forces les pouffoit ; la feconde conclufion leur en faifoit faire une troifième, qu'un Dieu étoit une caufe extérieure & néceffitante. Voilà, ajoute l'Auteur, l'origine de la prétendue Divinité de Vénus & de

---

(1) L'épithète de Θίυβρι ne fe lit que dans un Fragment de Callimaque cité par le Scholiafte de Nicandre (*in Theriac.*) Καλλίμαχος Θίμβρης Κυπρίδος αφροδίτα. Elle peint l'amour immodéré qui n'a point même d'égard aux efpèces : tel que celui de Sémiramis pour un cheval, de Pafiphaé pour un taureau, &c.

(2) Le furnom de Περίβασις ou de Περίβασα vient felon quelques Interprètes, περὶ τὸ αφπεῶσαι *à divaricandis cruribus*, de forte qu'on pourroit rendre ce mot par celui de *diva ícatrix.*

(3) L'épithète de Πασιφάεσσα a été fubftituée par le Préfident Bouhier à celle de αφροδίτεσσα, qui fe lifoit fur une infcription qu'il rapporte ; il en fait un fyno- nime de celle de Πάνδημος & de celle de πολύκοινος employée par S. Epiphane. (*An- corat,* §. 105.)

Cupidon. Cette application, qui est peut-être trop générale, pourroit se faire plus particulièrement à Vénus Πάνδημος, que Lucrece nomme *Volgivaga*, (1) & Apulée *Vulgaria*. (2) Athénée parle d'une fête que l'on célébroit en son honneur le quatrième jour du mois. Pausanias est le seul Auteur ancien, au moins que nous connoissions, qui ait donné la description d'une statue de Vénus *Populaire*, laquelle est assise sur un bouc. On a publié, il y a quelques années, un beau marbre appartenant autrefois au Duc de Sulli; il représente une femme nue, portée sur une espèce de bouc marin à travers les eaux; & l'Éditeur a cru que c'étoit Vénus Ἐπιτραγία, surnom dont Plutarque a donné une explication assez vague dans la vie de Théfée, (3) mais qui peut avoir rapport à la Vénus Πάνδημος de Pausanias. (4)

Les Artistes modernes sont convenus d'appeller *Vénus Pudique*

Lib. XIV. p 659.

Eliac.

Explicat: de quelques Mon. singuliers par un Benedictin.

---

(1)   *Si non prima novis conturbes vulnera plagis,*
          Volgivagaque vagus Venere ante recentia cures.   Lib. IV.

(2) Voyez le passage déjà cité.

(3) Plutarque nous apprend que Théfée, sur le point de s'embarquer pour aller combattre le Minotaure, consulta l'Oracle d'Apollon, qui lui fit réponse de prendre Vénus pour guide, & de l'invoquer comme la compagne de son voyage; que se disposant à immoler une chèvre sur le rivage pour se rendre la Déesse favorable, cette chèvre avoit été tout d'un coup transformée en bouc, & que cette aventure lui avoit fait surnommer Vénus Ἐπιτραγία.

Le même Auteur n'est pas plus clair en parlant, quelques lignes après, d'une Vénus *Ariadne*. On ne sait si Vénus reçut ce surnom de Théfée, parce qu'Ariadne avoit fait présent à ce Héros d'une statue de Vénus, ouvrage de Dédale, & dans laquelle il y avoit, dit-on, du vif-argent, pour la faire mouvoir; ou bien si Théfée auroit donné le nom d'Ariadne à Vénus en reconnoissance de la facilité avec laquelle la Princesse s'étoit prêtée à ses desirs.

Meursius n'a fait qu'embrouiller cette question aussi obscure qu'elle est peu importante.

(4) Voyez aussi Montfaucon, *Antiq. Expliq. tom. 1. pl.* C. *& pl.* CI. *n°.* 5.

celle qui porte la main au devant de ſa gorge & l'autre plus bas, comme par pudeur, telle que la belle Vénus de Médicis; & M. le Comte de Caylus obſerve que la Vénus pudique étoit plus ſouvent répétée que l'impudique.

Antiq. tom.
VII. p. 191.

Nous ignorons quelles étoient les fonctions de la Vénus qui eſt appellée *Placida* ſur les Inſcriptions; & ſi cette épithète lui a été donnée pour marquer la gradation qui ſe trouve dans ſes influences à l'égard des deſirs qu'elle inſpire, c'eſt-à-dire, qu'elle auroit été la Divinité de ceux qui ſeroient nés avec un tempérament tranquille. (1)

Reineſ. p. 227.
Gruter, p. 59,
9.

Enfin les Anciens reconnurent une Vénus qui détournoit de l'amour déréglé en faiſant revenir de ſes excès, & rappellant les hommes à la raiſon. C'étoit avec une ſorte de juſtice; car, ſuivant la réflexion de Caton, c'eſt à ceux qui ont cauſé les grands maux à les faire ceſſer. Elle fut appellée chez les Grecs Ἀποστροφία, & chez les Latins *Verticordia;* Ovide explique ce dernier mot, en même temps qu'il en donne l'étymologie; (2) Valere Maxime ne laiſſe aucun doute ſur le motif qui engagea le Sénat à lui faire ériger une ſtatue, (3)

Plutarch. in
Cat. min.

Pauſan. Bœot.

---

(1) Denys le Périégete dit que Vénus *Placida* procuroit des vents favorables, & qu'elle les appaiſoit lorſqu'ils étoient violents. Elle avoit un temple près de Byzance. Mais cet attribut eſt peu connu, & n'eſt pas fort important.

(2)
> *Roma pudicitia proavorum tempore lapſa eſt,*
> *Cumæam, veteres, conſuluiſtis anum.*
> *Templa jubet Veneri feri, quibus ordine factis,*
> *Indè Venus verſo nomine corda tenet.*   Faſt. IV.

(3) Meritò virorum commemorationi Sulpicia Ser. Paterculi filia, Q. Fulvii Flacci uxor adjicitur. Quæ, cum Senatus libris Sibyllinis per Decemviros inſpectis cenſuiſſet, ut Veneris Verticordiæ ſimulacrum conſecraretur, quò facilius Virginum mulierumque mentes à libidine ad pudicitiam converterentur, & ex omnibus matronis centum, ex centum decem ſorte ductæ, de ſanctiſſimâ fæminâ judicium facerent; cunctis caſtitate prælata eſt.

        Val. Maxim. Lib. VIII. *cap.* 15. *n°.* 12.

& conféquemment fur l'idée que l'on attachoit à Rome au furnom de *Verticordia*. *Julius Obfequens* dit qu'on lui éleva un temple dans la voie nommée *Salaria*, à l'occafion de l'incefte commis dans le même temps par trois Veftales. Pline & Solin parlent auffi du furnom de *Verticordia*.

De Prodig. cap. 97.
Plin. lib. vii. cap. 5.

En faifant le réfumé de ce qui a été dit jufqu'ici , on verra que nous n'avons fait que développer la première & la principale idée que les Anciens ont eue fur la naiffance de Vénus, & que tous fes attributs, comme fes différentes qualifications en font une émanation. En effet, l'idée d'un être , principe de tous les autres, eft un germe fécond qui renferme tout ce qui peut convenir à la Divinité : il n'y a plus après cela que les applications à faire, & l'on fait que les Grecs ne les ont pas épargnées.

Mais on devoit fuppofer que ce premier principe étoit très-ancien. Auffi Vénus paffoit-elle pour la plus ancienne des Déeffes, & il y a beaucoup d'apparence que fon culte a été admis dans la Grèce , même avant celui de Jupiter. (1) On avoit une grande idée de fa puiffance ; outre les exemples que nous en avons déjà vus, les Poëtes pourroient nous en fournir plufieurs autres; (2) l'Auteur des Hymnes qu'on attribue à Homere,

Scholiaft. Apollon. (qui cite Héfiode fur le 15e. vers du 3e. li. des Argon.)

Hymn. in Vener.

---

(1) Ἀλλὰ ἢ Διὸς ἐςὶ πρεσβυτέρα ἡ Ἀφροδίτη. Ἡσίοδος γὰρ αὐτὴν ἐκ τῶν αἰδοίων τῦ Οὐρανῦ φησὶ γνέσθαι. Ἀιραίας δὶ πολλῦ χρόνο ἐφθίσας.

(2)   Ὦ δειὰ Κύπρις.   Euripid. Med.
Per Veneris feci Numina magna fidem.
Ovid. Amor. lib. 2. Eleg. 8.

Proh quanta potentia regni
Eft Venus alma tui.   Ovid. Met. lib. 3. Fab. 8.

Fénelon qui ne déprimoit pas les Anciens , parce qu'il les avoit étudiés , & qu'il favoit les apprécier, l'immortel Fénelon exprime la puiffance de Vénus dans un difcours qu'il lui fait adreffer à Télémaque. » Ouvre ton cœur, dit-elle, aux plus douces efpérances, » & garde-toi bien de réfifter à la plus puiffante de toutes les Déeffes, qui veut te rendre » heureux. *Telem. liv. 4.*

dit expreſſément que, pour le culte, elle a eu la préféance ſur tous les Dieux, & que les mortels n'ont honoré aucune Divinité plus qu'elle. (1) Sapho lui adreſſant la parole : *Grande & immortelle Vénus*, dit-elle, *qui avez des temples dans tous les lieux du monde*. De là vient la quantité de ſurnoms Topiques qui lui avoient été donnés par les peuples qui avoient pour elle une vénération particulière. Nous rapporterons les plus remarquables en ſuivant ſimplement l'ordre Géographique.

Elle fut nommée *Zerinthia* de l'antre ou de la ville de Zérinthe en Thrace, ſelon le Scholiaſte de Lycophron (2) & Bochart.

Les Athéniens, qui étoient ſi recommandables par leur piété envers les Dieux, rendoient ſans doute un culte particulier à Vénus, qui étoit la plus ancienne Divinité de la Grèce. De tous les temples qui lui ont été élevés dans l'Attique, le plus connu & le plus fameux étoit celui qui étoit placé ſur le Promontoire *Colias*, d'où la Déeſſe tira ſon nom. Strabon, Etienne de Byzance, Pauſanias & Euſtathe en parlent. On trouve dans le Scholiaſte d'Ariſtophane pluſieurs raiſons de ce ſurnom : la première c'eſt qu'un jeune homme de l'Attique ayant échappé à des voleurs à l'aide d'une femme qui l'avoit délivré des liens qui attachoient ſes membres κῶλα, il croyoit avoir obligation de ce ſecours à la Déeſſe, & qu'en conſéquence il l'avoit appellée Κωλιάς. La ſeconde raiſon, qui ne paroît pas plus ſolide que la première, eſt que le Promontoire reſſembloit

Hymn. in Vener.

Phaleg. p. 397.
Pauſan. Attic.

Strab. lib. IX. p. 398.
Stephan.
Pauſan. Attic. p. 5.
Euſtath. Iliad. 2.
Schol. Ariſtoph. ad Nub.

---

(1)   Πᾶσιν δ' ἐν νήσοι Θεῶν τιμάοχὸς ἐςι,
    Καὶ παρὰ πᾶσι βροτῦσι Θεῶν πρέσβειρα τέτυκται.

Hymn. in Ven. v. 31.

(2) Ἐν Θράκη ἄντρον, ἐν ᾦ Ζερυνθία Ἀφροδίτη τιμᾶται.

aſſez

aſſez à un membre viril. Enfin la troiſième, c'eſt qu'un corbeau ayant enlevé pendant un ſacrifice la partie antérieure de la victime, nommée Κωλῆ, l'avoit dépoſée en ce lieu. (1) Pour décider cette queſtion, qui d'ailleurs n'eſt pas fort importante, il s'agiroit ſeulement de ſavoir ſi c'eſt la Déeſſe qui a donné ſon nom au Promontoire, ou ſi elle ne le tenoit pas elle-même du Promontoire, ce qui paroît plus vraiſemblable.

Une des villes qui ſe ſoit le plus ſignalée par ſa vénération envers Vénus eſt celle de Corinthe. C'eſt pour cela qu'un Orateur a dit qu'elle étoit véritablement la ville de cette Déeſſe. (2) Euripide l'appelle de même ; & quoique Pégaſe ſoit ordinairement le type des médailles de Corinthe, on y voit auſſi ſouvent celui de Vénus. Son temple dans cette ville, étoit ſi riche & ſi fréquenté qu'il étoit deſſervi par plus de mille femmes que des perſonnes de différent ſexe lui avoient conſacrées. Le proverbe, *il n'eſt pas permis à tous d'aller à Corinthe*, vient, ſelon Strabon, de la facilité que trouvoient les étrangers de faire de grandes dépenſes dans cette ville, & ſur-tout de ſe ruiner avec les Prêtreſſes de Vénus. On peut voir dans Pauſanias la deſcription de tous les monumens que lui ont élevés les Corinthiens, & particulièrement celle du temple de Cenchrée, qui étoit apparemment ce magnifique temple dont parle Strabon, & le plus conſidérable de tous.

Mais, quoique le verbe Κορινθιάζομαι ſoit pris dans une acception obſcène par Ariſtophane & d'autres Auteurs ; il eſt incertain ſi l'on doit en attribuer la cauſe au culte de Vénus établi à Corinthe, plutôt qu'au libertinage qui eſt néceſſaire-

Ariſtid. p. 42.

Euripid. apud Strab. lib. VIII. p. 379.

Strab. lib. VIII. p. 378.

Corinthiac. p. 114.

Ariſtoph. in Plut.
Heſychius.
Stephan.
Euſtath. ad Iliad, 2, 29.

---

(1) Meurſius dans ſon ouvrage intitulé *Piræus*, a fait un long article ſur le mot Κωλίας.

(2) Ὡς εἶναι ſαφῶς τε Ἀφροδίτης τὴν πόλιν, ἣν ἐμοὶ ᾗ ἐπονομάζειν ἔφηςιν.

ment plus marqué dans les grandes villes. Cependant Athénée rapporte une ancienne loi établie à Corinthe, par laquelle il étoit ordonné, que dans les affaires d'importance où la ville devoit s'assembler pour adresser des prières à Vénus, on y admettroit solemnellement une certaine quantité de Courtisannes, qui non-seulement joindroient leurs prières à celles du public, mais qui resteroient encore dans le temple après les autres. En général, il est fort difficile de porter un jugement sur des coutumes qui étoient en pratique dans des temps si éloignés de nous, & la difficulté ne fait que s'accroître quand le sens des termes n'est pas bien déterminé ; car nous voyons que le mot ἑταίρα, qui est, selon quelques Écrivains, le synonime de πόρνη, est pris par Athénée lui-même dans une acception très honnête.

Athen. p. 571.

En Arcadie, Vénus étoit honorée sous le nom de Λαδωγενής, selon *Hesychius* & Phavorin, parce que c'étoit la tradition du pays, qu'elle étoit née près du fleuve Ladon. Elle avoit un temple sur le mont *Cotylius*, & un autre en Laconie, où elle étoit révérée sous le nom d'*Olympia*, soit que son culte fût venu d'Olympie, soit qu'il fût établi sur le mont Olympe en Laconie, soit enfin que par ce mot on eût entendu Vénus Céleste ou *Uranie*, comme on le voit dans le Poëte Proclus. (1)

Pausan. Arcad. p. 685.

In Lyciam Vener. Hymno Ultimo.

---

(1)   Ὑμνέομεν Λυκίων βασιλείδα κυραφροδίτην,
      Ἧς ποτ' ἀλεξικάκοισι περιπλήθοντες ἀρωγῆς,
      Πατρίδος ἡμητέρης θεοφράδμονες ἡγεμονῆες,
      Ἱερὸν ἱδρύσαντο κατὰ πτολίεθρον ἄγαλμα,
      Σύμβολ' ἐχον, νοεροῖο γάμυ, νοερῶν ὑμεναίων,
      Ηφαίτυ πυρόεντες, ἰδ' ὑρανίης Ἀφροδίτης
      Καὶ ἑ θεὴν ὀνόμηναν Ὀλύμπιον.

L'épithète ΑΛΕΝΤΙΑ qu'on lit dans Lycophron, ou celle Caffand.
d'*Alefias*, qui eft la même, lui fut donnée à caufe du culte
qu'on lui rendoit fur les bords du fleuve *Halefus*, qui arrofe
la ville de Colophon.

Athénée nous apprend, que des Courtifannes avoient élevé Lib. 13. c. 4.
plufieurs temples à Ephèfe en l'honneur de Vénus, & que des
femmes de la même profeffion, qui avoient fuivi Periclès à Samos, lorfqu'il affiégeoit cette ville, avoient deftiné le produit de
leur proftitution, qui montoit fort haut, pour faire bâtir en l'honneur de la Déeffe, qu'elles regardoient comme leur protectrice,
une cehaplle affez confidérable dans un lieu marécageux, où il fe
trouvoit beaucoup de rofeaux. On fait que le culte de la Divinité
tutélaire & principale d'un pays n'excluoit pas celui d'une autre
Divinité. Ainfi, quoiqu'à Samos Junon fût adorée d'une manière plus fpéciale, cela n'empêchoit pas que le culte de Vénus ne s'y fût introduit par des circonftances particulières. Il
y eut dans cette ifle une Vénus connue fous le nom de Dexicréon, certain charlatan, qui par des cérémonies fuperftitieufes
paffa pour avoir fait revenir les femmes de Samos du luxe &
de la débauche auxquels elles étoient fingulièrement adonnées.
Il y a fur cela un autre fentiment propofé par Plutarque. Un Quæft. Græc.
marchand de Samos, nommé Dexicréon, fit un voyage en p. 305.
Cypre pour en rapporter des marchandifes ; mais y étant
arrivé, & prêt à charger fon vaiffeau, Vénus lui ordonna
de ne prendre que de l'eau, & de partir auffi - tôt. Cet
homme fut docile, & en ayant fait provifion, pour obéir à
la Déeffe, il s'embarqua. Peu de temps après, les autres
navigateurs eurent befoin d'eau, il leur en vendit à tous,
& fit un profit confidérable. La reconnoiffance le porta à
faire ériger une ftatue à Vénus, qui en conferva le nom.
Des détails auffi peu intéreffans, ne mériteroient pas d'être

rapportés, fi l'on ne fe faifoit un devoir de ne rien omettre, pour fe conformer aux loix prefcrites par la favante Compagnie, qui a propofé la recherche des attributs & l'explication des noms de Vénus.

Celui de *Cnidia,* qu'elle reçut de la ville de Cnide, mérite plus d'attention, parce que la Vénus de Cnide dut fa célébrité à la fameufe ftatue que Praxitele en avoit faite pour les Cnidiens, ouvrage qui étoit regardé comme un des chef-d'œuvres de la Grèce. Cette ftatue avoit fait autant d'honneur à fon Auteur, que le tableau de Vénus Anadyomène en avoit fait au Peintre Apelles. Ces deux monumens, la ftatue de Jupiter *Olympien* faite par Phidias, & quelques autres ouvrages de grands Maîtres, font voir que le talent des Artiftes contribuoit beaucoup à la réputation de certaines Divinités, de même que les Oracles qu'elles étoient fuppofées rendre dans certains cantons. Praxitele, pour former fa Vénus, avoit été auffi curieux qu'Apelles de beaux modèles. Il importe fort peu de favoir fi c'eft Cratina ou Phryné qui lui fervit pour cet objet; mais il avoit fi bien imité la nature, que cette belle ftatue paroiffoit comme animée, & qu'un jeune homme, dont on cite le nom, ofa la fouiller par fes embraffemens. L'épigramme qui a été faite en l'honneur de Praxitele à l'occafion de fa Vénus, eft très-ingénieufe, & elle auroit beaucoup plus de fel, fi on n'avoit pas employé tant de fois la penfée qui la fait valoir. On fait parler Vénus, & en voici le fens :

Val. Maxim. lib. VIII. c. 1ſ. nᶜ. 4. Plin. Hiſt. nat. lib. XXXVI.

Anthol. lib. IV. c. 12.

> *Pâris, Anchiſe & le bel Adonis*
> *M'ont vu nue, mais j'ignore où*
> *Et quand Praxitele a eu cet avantage.*

S'il eft vrai que Phryné ait fervi de modèle à cet Artifte, comme le dit Athénée, & qu'il fût vraiment fon amant, cette

L. XIII. p. 591.

circonſtance étoit bien capable d'allumer en lui le feu du génie, & de lui faire produire ce chef-d'œuvre qui immortaliſa
ſon Auteur, & rendit ſi célébre la ville qui le poſſédoit.

On faiſoit le voyage de Cnide pour voir le temple de Vénus, qui étoit au milieu d'un bois charmant, & la ſtatue de
la Déeſſe, dont Lucien fait la plus agréable deſcription.

Mais pour avoir une idée complette de la ſtatue de Praxitele,
il faut lire ce que Pline en a écrit dans le trente-ſixième livre
de ſon Hiſtoire Naturelle. (1) Pauſanias fait mention du culte
ſingulier que les Cnidiens rendoient à Vénus. Ils lui ont dédié,
dit-il, pluſieurs temples où ils l'honorent ſous différens noms;
le plus ancien de tous eſt celui de Vénus *Doritide*, (2) un autre ſous celui de Vénus *Acréenne*, (3) un troiſième, appellé
communément le temple de Vénus *Cnidienne*, (4) quoique

Lucian. Amor.
tom. 2. p. 408.
Id. Imagin. t.
2. p. 463.

Attic. p. 4?

----

(1) Praxitelis ætatem inter Statuarios diximus, qui marmoris gloria ſuperavit etiam
ſemet : opera ejus ſunt Athenis in Ceramico : ſed antè omnia, & non ſolum Praxitelis, verum & in toto orbe terrarum, Venus, quam ut viderent multi navigaverunt
Cnidum. Duas fecerat ſimulque vendebat, alteram velata ſpecie, quam ob id quidem
prætulerunt, quorum conditio erat, Coï, cum alteram etiam eodem pretio detuliſſet,
ſeverum id ac pudicum arbitrantes : rejectam Cnidii emerunt, immenſa differentia
famæ. Voluit etiam poſteà a Cnidiis mercari Rex Nicomedes, totum æs civitatis alie-
num quod erat ingens, diſſoluturum ſe promittens. Omnia perpeti maluere, nec im-
meritò : illo enim ſigno Praxiteles nobilitavit Cnidum. Ædicula ejus tota aperitur,
ut conſpici poſſit undiquè effigies Deæ, favente ipſa, ut creditur facto. Nec minor ex
quâcumque parte admiratio eſt. Ferunt amore captum quemdam, cum delituiſſet noctu,
ſimulacro cohæſiſſe, ejuſque cupiditatis indicem eſſe maculam.

Plin. Lib. XXXVI.

(2) La ville de Cnide étoit en Doride, c'eſt de là qu'eſt formé ce nom.

(3) Jupiter, Junon, & pluſieurs autres Divinités, ont reçu l'épitète d'Ακραίας &
d'Ακραίας, qui a rapport aux Promontoires ſur leſquels on les adoroit, ou aux citadelles
qui étoient ſous leur protection.

(4) C'étoit vraiſemblablement dans ce temple qu'étoit placée la belle ſtatue faite
par Praxitele.

les Cnidiens eux-mêmes ne lui donnent point ce nom, mais celui d'*Euplœenne*. En effet, la Vénus de Praxitele étoit connue sous le nom de *Cnidienne*, parce que les Cnidiens la possé-doient; mais ces peuples qui ne regardoient pas ce nom comme un attribut distinctif, lui en avoient donné un autre en l'honorant comme une Divinité propice aux Navigateurs; & c'est ce qu'ils entendoient par le nom Εὐπλοία. Il étoit bien naturel de croire qu'une Déesse qui tiroit son origine de la mer, & à laquelle on donnoit tant d'empire sur les eaux, pouvoit être favorable aux Navigateurs : cette opinion, qui étoit reçue chez les Grecs, fut aussi admise par les Romains. (1) Horace n'ignoroit pas combien étoit grande la vénération des Cnidiens pour Vénus, puisqu'en l'invoquant, il la nomme *Reine de Cnide* : (2) Elle étoit si renommée, que son culte s'étendit fort loin hors de la Grèce. On lit dans Reinesius une inscription qui commence par ces mots :

Inscript. p. 127.

BONÆ DEÆ
VENERI CNIDIÆ.

Du temps de Caracalla, le culte des Cnidiens envers leur an-cienne Déesse subsistoit encore; car l'on connoît un médaillon de Cnide frappé pour cet Empereur, où Vénus est représen-tée nue, cachant d'une main ce qui ne doit point être ex-posé à la vue, & de l'autre soutenant une légere drapperie au dessus d'un vase. Nous croyons intéresser les Artistes en leur mettant sous les yeux une copie de la Vénus de Praxitele, que

Cabinet du Roi.
Voy. aussi Vaillant Numism. Græc.

---

(1) *Pande, precor, gemino placatum Castore pontum*
   Temperet æquoream dux Cytherea viam.
             Numantian. in Itinere.

(2) O Venus Regina Cnidi.

l'on ne trouve peut-être fur aucun autre monument. On ne frappoit des médaillons qu'à l'occafion d'événemens confidérables & dans des cas extraordinaires ; alors les villes avoient grand foin d'y faire repréfenter ce qui les intéreffoit & ce qui pouvoit le plus contribuer à leur gloire. Il y a donc tout lieu de croire que celle de Cnide , en employant une Vénus pour type de celui-ci, aura choifi la ftatue qui lui faifoit tant d'honneur , ou au moins une copie de cette ftatue , fi elle ne fubfiftoit plus elle-même.

Nous ne finirions pas fi nous voulions parcourir tous les pays tant de la Grèce proprement dite , que de la Grèce d'Afie où le culte de Vénus étoit établi : nous ne citerons plus que le nom de *Caftnia* ou ΚΑΣΤΝΗΤΗΣ qu'elle reçut d'une montagne de Pamphylie , près de la ville d'*Afpendus*. Il eft cité dans Callimaque & dans Lycophron.

Il eft inutile d'infifter fur quelques épithètes comme celle de Ξείνη ou de *Peregrina*, de Πλινθία, de Πράξις , & autres auffi

Herodot, lib. 1.
c. 12.
Reinef. p. 128.

Paufan. Arcad.
Id. Attic.

peu intéreffantes, qu’elle ne reçut que par occafion, & qui n’ont point de rapport à fes attributs. Celle de *Callipyge*, qui eft de cette efpèce, eft plus remarquable en ce qu’il exifte des ftatues qui la repréfentent. C’eft la Vénus connue parmi les Artiftes modernes fous le nom trivial de *Vénus aux belles feffes*. Athénée en raconte l’hiftoire. Deux payfannes d’une grande beauté fe difputoient l’avantage d’être le mieux conformées dans la partie qui a donné lieu au furnom dont nous venons de parler. Elles fe foumirent au jugement d’un jeune-homme qu’elles rencontrérent fur le grand chemin, & après une comparaifon fcrupuleufe, le nouveau Pâris fe décida pour la plus jeune dont il devint amoureux. De retour à la ville, il fit part de cette aventure à fon frere, qui s’achemina auffitôt vers la maifon de ces filles, trouva l’aînée fort belle, quoiqu’elle n’eût pas remporté le prix, & elle gagna tout à la fois fon fuffrage & fon cœur. Le pere des jeunes gens leur confeilla de chercher un parti plus digne d’eux; mais ne pouvant les faire renoncer à leur inclination, il fe rendit enfin à leurs prières, demanda le confentement du pere des deux filles, & l’on croit bien qu’elles ne refuférent pas le leur. Les gens du pays les appellérent *Callipyges*, & ce fut en mémoire de cet événement que l’on bâtit un temple à Vénus fous ce titre. Athénée ne nous apprend point par qui les frais en furent faits; il remarque feulement que l’amour du plaifir qui regnoit dans ce temps-là n’en fut pas la moindre caufe.

Lib. XII. p. 554.

Cette circonftance, auffi plaifante que fingulière, nous a fourni au moins une belle ftatue (1) & une bonne épigramme. (2)

---

(1) On la voit à Rome dans la Farnéfine.

(2)   Πυγὰς αὐτὸς ἔκρινα τριῶν. ἔιλοντο γὰρ αὐταὶ
     Δειξάσαι ΓΥΜΝΩΝ ἀφεροπὴν μελέων.

Quand

Quand les Romains, imitateurs des Grecs, ne fe feroient pas conformés aux coutumes de ceux-ci pour ce qui regarde en général le culte religieux ; il ne feroit pas étonnant qu'ils euffent adopté leurs idées fur la Divinité de Vénus dont ils fe glorifioient de tirer leur origine. Nous ne rappellerons point ce que nous avons eu occafion d'en dire : nous verrons feulement quelles furent les différentes circonftances qui favoriférent l'extenfion de fon culte chez les Romains ou chez d'autres peuples d'Italie , & qui augmentérent la lifte de fes furnoms.

C'eft peut-être parce que les Romains la regardoient comme leur Mère, qu'ils lui élevérent un temple dans la voie Sacrée fous le titre de *Romana*.

Le Capitole étoit comme un Sanctuaire où les principales Divinités de Rome avoient des temples , des ftatues & des autels. Les motifs qui avoient porté à y établir leur culte furent fans doute les mêmes, qui firent donner à quelques-unes le nom de la montagne, où le peuple fe raffembloit pour leur rendre des hommages. Jupiter, Junon, Minerve y étoient honorés d'une manière fpéciale. Vénus y eut une chapelle

Prud. in Symmach.

Καὶ ῥ ἡ μὲν τροχαλαῖς σφραγιζομένη γελασίνοις,
 Λευκὴ ἀπὸ γλυτῶν ἤνθεεν ΕΥΑΦΕΩΝ.
Τῆς δὲ ΔΙΑΙΝΟΜΕΝΗΣ φοινίσσετο χιονέη σαρξ
 Πορφυρέοιο ῥοδʹ8 μᾶλλον ἐρυθροτέρη.
Ἡ δὲ γαλλωιόωσα χαράσσετο κύματι καφῷ,
 Αὐτομάτη τρυφερῷ χρωτὶ σαλευομένη.
Εἰ ταύτας δὲ θεῶν ὁ κριτὴς ἐθεάσατο πυγὰς,
 Οὐκέτ' ἂν 8δʹ ἐσιδεῖν ἤθελε τὰς προτέρας.

Toup. in Suidam P. 3. & 4. p. 86.

K

In Caligul. c. 7. n°. 1.

Id. in Galba, c. 18. n°. 5.

Veget. lib. IV. n°. 9. Nardin. Rom. Vet. Lipen. de Stren. Marlian, &c.

dont il eſt parlé dans Suétone : Galba, ſelon le même Auteur, lui fit préſent d'un collier fort précieux. Elle y fut encore révérée ſous le titre de *Calva*, parce que les Dames de Rome, pendant le ſiége du Capitole, avoient bien voulu ſe priver de leurs cheveux, qu'elles coupérent pour ſervir aux machines de guerre ; trait de généroſité dont on conſerva la mémoire par l'édifice élevé en l'honneur de Vénus. On la nomma *Calva* pour faire entendre que le ſacrifice que les Dames avoient fait, pour le ſalut de la patrie, d'un ornement ſi cher, ne les en rendoit pas moins aimables qu'auparavant. Cet événement fortuit occaſionna un uſage permanent : les femmes qui devenoient chauves, lui conſacroient leur peigne comme un inſtrument qui leur devenoit alors inutile.

Codin. de Orig. Conſtantin. p. 14. Suidas.

Sur l'épithète de *Cluacina*, il ſuffit d'alléguer le témoignage

Lib. XV. c. 29.

de Pline. Il dérive ce nom de *Cluere*, qui ſignifie faire une expiation, & il dit que celle qui avoit été faite au lieu où les Romains & les Sabins avoient mis bas les armes, après avoir combattu pour l'enlévement des Sabines, avoit engagé à nommer *Cluacina* la ſtatue de Vénus qui y fut placée. C'eſt la véritable orthographe de ce nom qui eſt juſtifiée par Plaute ; (1)

Lactant. lib. 1. Tertullian. de Pall. Cyprian. de Idol. Van. Aug. de Civ. Dei. Min. Felix. c. 25.

celle de *Cloacina* ne doit point être admiſe ; elle ſe trouve dans Lactance, & quelques Écrivains Eccléſiaſtiques qui ſemblent ne l'avoir adoptée que pour déprimer, à l'occaſion de l'étymologie qu'ils en donnent, une Divinité des Anciens. Si la ſtatue ou l'image de ce qui fait l'objet du culte des Chrétiens ſe trouvoit dans des ruines, comme il y en a plus d'un exemple, cet accident devroit-il dégrader l'idée qu'ils s'en feroient formée, & la rendre moins reſpectable à leurs yeux ?

---

(1)   *Qui perjurum hominem vult convenire, mitto in comitium :*
Qui mendacem, & glorioſam, apud Cluacina ſacrum.

Les Auteurs font partagés fur la véritable place du temple de Vénus *Cluacina*, mais nous ne nous arrêterons point à une difcuffion fi peu néceffaire, & nous croyons qu'il feroit fuperflu de faire l'énumération de tous les autres temples qui lui furent élevés dans Rome, & que l'on trouve décrits par les Auteurs qui ont fait la Topographie de cette ville.

Une infcription qui commence par les mots *Veneri Gabinæ & Albanæ fanctæ*, prouve que cette Déeffe étoit honorée en d'autres lieux d'Italie qu'à Rome.

Les Siciliens furtout fe diftinguérent par leur refpect envers Vénus, & l'on peut mettre le temple qu'elle avoit fur le mont *Eryx* au nombre des plus fameux de l'Antiquité. Voici ce qu'en rapporte Diodore de Sicile. Eryx, homme très-illuftre, fut fils de Vénus & de Buta, Roi d'un petit pays de la Sicile. La naiffance d'Eryx fut caufe qu'une partie des Siciliens le choifirent pour Roi. Il bâtit fur une hauteur une ville confidérable à laquelle il donna fon nom ; & au milieu de la citadelle, un temple qu'il dédia à fa mere, & qu'il enrichit d'un grand nombre de préfens magnifiques. Les honneurs que Vénus reçut de fon fils & la vénération que les peuples avoient pour elle, lui furent fi agréables, qu'elle préféra cette ville à toutes les autres, & qu'elle voulut même porter le furnom d'*Erycine*. De tous ceux qui examineront de près la fortune de ce temple, il n'y en aura aucun qui n'en foit étonné ; car tous les autres, après avoir eu de la réputation pendant quelque temps, l'ont enfin perdue ou toute entière, ou en partie, par différentes révolutions ; au lieu que celui-ci, quoique très-ancien, n'a jamais ceffé d'être célébre ; & même fa réputation s'eft toujours accrue. Depuis Eryx, Énée qui alloit en Italie, ayant relaché en Sicile, laiffa de grands dons à ce temple, comme étant auffi fils de Vénus. Pendant plufieurs générations les Siciliens ont offert à Vénus *Erycine* quantité de sacrifices & de présens. Dans la suite les Carthaginois s'étant rendus maîtres d'une partie de cette isle, ont entretenu le culte de la Déesse avec beaucoup de pompe. Enfin les Romains ayant soumis à leur domination la Sicile, ont surpassé en cela toutes les nations qui avoient possédé l'isle avant eux. Ils s'y croyoient plus obligés que d'autres, car rapportant leur origine à cette Déesse, & lui attribuant le succès de toutes leurs entreprises, il étoit juste qu'ils lui en marquassent leur reconnoissance. A présent même, lorsque leurs Consuls, leurs généraux, en un mot tous ceux qu'ils envoyent en Sicile revêtus de quelque dignité sont arrivés à Eryx, ils offrent de magniques sacrifices dans le temple de Vénus : se dépouillant ensuite de cette gravité qui convient à leur caractère, ils se mêlent dans les assemblées de femmes, & s'entretiennent familièrement avec elles, croyant par cette manière gagner les bonnes graces de la Déesse, & lui faire agréer leur domination. Enfin le Sénat, pour signaler sa piété, a ordonné que dix-sept des villes de Sicile qui lui étoiet les plus fidelles, apporteroient de l'or dans son temple, & qu'il seroit toujours gardé par deux cens hommes. Ses richesses furent néanmoins pillées par les Gaulois.

Les femmes qui étoient au service de Vénus *Erycine* étoient appellées *Libertæ Veneris Erycinæ*. Elles existoient encore du temps de Strabon ; mais elles étoient bien moins nombreuses, & leur sort étoit fort changé. Le mont Eryx, dit ce Géographe, tout élevé qu'il est, a des habitans. On y voit un temple de Vénus de la plus grande célébrité, lequel abondoit autrefois en femmes employées au service de la Déesse, & qui lui étoient offertes non-seulement par les Siciliens, mais encore par différentes nations ; maintenant que la ville n'a plus tant d'habitans, le temple & les Ministres se reffentent de cette différence. La ftatue de cette Déeffe eft auffi à Rome avec le même titre d'Erycine devant la porte nommée *Collina*, & fon temple y eft entouré d'un portique magnifique.

On peut conclure de ce récit que c'eft d'après le modèle du temple de Vénus *Erycine* en Sicile, que l'on en a élevé un à Rome tout-à-fait femblable. C'eft vraifemblablement le deffin de cet édifice que l'on a voulu tracer fur une médaille de la famille *Confidia*, publiée par Vaillant & Parut. D'un côté elle préfente la tête de Vénus : au revers eft un temple élevé fur une montagne environnée d'une vafte enceinte ; on y lit les lettres E R V C, qui font le commencement du nom de la ville ou de la montagne.

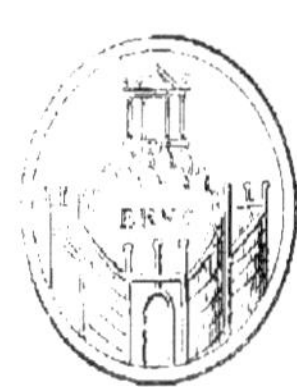

On connoît encore deux autres médailles de la ville d'Eryce, fur chacune defquelles on voit une colombe. Quoique cet oifeau foit confacré à Vénus, c'eft cependant un motif particulier qui l'a fait repréfenter fur les médailles d'Eryce. Athénée le rapporte en ces termes. Dans la ville d'Eryx, il y a de certains jours nommés *Anagogia*, c'eft-à-dire, *les jours du départ*, que Vénus, felon la tradition, choifit pour aller en Afrique. Alors on n'apperçoit aucune colombe dans le pays, comme fi elles l'euffent quitté pour accompagner la Déeffe. Neuf jours après, temps du retour, & que l'on nomme pour cela *Catagogia*, une colombe feule, précédant toutes les autres, & femblant an-

Lib. IX, p. 394.

noncer ce retour, va fe repofer dans le temple, où elle eft bientôt fuivie de celles qui étoient reftées, & cet événement répand une joie fingulière parmi les habitans. Elien raconte deux fois la même hiftoire fans y mettre de différence, fi non qu'il ajoute que l'on offroit à cette occafion des facrifices.

Ce temple fameux, & l'un des plus célèbres des Anciens, ne fut pas renverfé la nuit de la naiffance de Jéfus-Chrift, comme l'a conjecturé un Auteur moderne, fans doute amateur du merveilleux, mais il fe dégrada par vétufté. Tacite dit que Tibére le fit réparer, Suétone en attribue la gloire à Claude, ce qu'il feroit fort aifé de concilier, fi Tibére avoit commencé l'ouvrage, & que Claude l'eût achevé. Selon *Pomponius Mela*, Denys & Hygin, Énée feroit le fondateur du temple; l'un d'eux affure même que Vénus fut nommée *Æneia* & non *Erycina*. Cependant fi l'autorité d'un Hiftorien eft préférable à celle d'un autre, nous admettrons plutôt le témoignage de Diodore, parce qu'il étoit plus à portée de connoitre la tradition de fon pays. Virgile (1) & Horace (2) ont célébré Vénus *Erycine*, le premier ayant égard au culte qui lui étoit rendu en Sicile, le fecond, la confidérant comme une Divinité de Rome. Quelques Auteurs font partagés fur la véritable place de fon temple, quoique Strabon, déjà cité, & Ovide (3) ne laiffent nullement douter de fa pofition près de la porte appellée *Collina*.

Var. Hiftor.
lib. I. cap. 15.
Hiftor. Animal.

Acta Erudit.
menf. April.
an. 1710. pag.
158.
Annal. tv. 43.
Suet. in Claud.
XXV.

Dionys.

Panvin. de Lud.
Circenf.
Georg. Fabric.

---

(1)   *Tunc vicina aftris Erycino in vertice fedes*
Fundatur Veneri Ideliæ.
          Æneid. V. v. 759.

(2)   *Sive tu mavis Erycina ridens,*
Quam jocus circumvolat & Cupido.
          Lib. I. Od. 2.

(3)   *Eft propè Collinam templum venerabile portam.*
Impofuit templo nomina Celfus Eryx.
          Remed. Amor. v. 549.

Il feroit poffible néanmoins qu'il y eût eû deux temples de ce
nom dans Rome. Nous l'apprenons en effet de Tite-Live, qui
parle d'un temple de Vénus *Erycine*, dont Fabius fit la dédicace
au Capitole, & d'un autre temple de la même Déeffe, dont L.
Porcius fit la dédicace près de la porte nommée *Collina* ; & ailleurs il dit qu'un débordement du Tibre, dont le Cirque fut
inondé, avoit forcé d'indiquer la célébration des jeux *Apolli-
naires* près du temple de Vénus *Erycine*, *extrà portam Collinam*. Cette queftion, qui avoit divifé tant de Critiques, n'étoit
donc pas fi difficile à réfoudre. Nous croyons devoir relever ici
Vitruve, qui foutient que c'étoit une coutume obfervée de toute
antiquité, de bâtir les temples de Vénus hors de la ville, afin d'ôter
aux jeunes gens & aux mères de famille, par cet éloignement,
plufieurs occafions de débauches. Outre les exemples du contraire, qui ont été produits dans ce Mémoire, il feroit poffible
d'en citer encore s'il en étoit befoin.

Il s'eft trouvé des Auteurs qui ont confondu fans raifon la
Vénus *Verticordia* avec celle qui étoit furnommée *Erycina*,
quoiqu'elles fuffent fort diftinguées l'une de l'autre. Un de
ces Auteurs, dont l'ouvrage a été publié par Sallengre raconte de Vénus *Erycine* tout ce qui a été dit de Vénus *Verticordia* par Valere Maxime, qu'il ne cite point.
Il n'eft pas fi aifé de deviner fur quelle autorité il fe fon-
de, lorfqu'il dit que c'étoit la coutume de lui offrir au mois
d'Août l'image d'un membre viril ; que malgré le peu de dé-
cence qui paroiffoit être attaché à cette cérémonie, c'étoit
néanmoins la femme ou la fille la plus chafte qui étoit choifie
pour en faire les honneurs, & qu'elle feule avoit le droit de tou-
cher à l'offrande, pour la dépofer enfuite dans le fein de la Déeffe.

Muratori a publié une infcription qui contient un vœu fait
à Vénus Erycine : ce Savant avoue qu'elle lui paroit fufpecte.

Lib. xxx. c. 31.
Lib. xl. c. 34.

Lib. xxx. c. 38.

Lib. 1. c. 7.

Faunus apud Sallengr. Antiq. t. 1, p. 197, 198.

P. 117. Mais on en lit une autre dans Reinefius, qui a été trouvée fur le mont *Eryx* même, & qui par conféquent doit être authentique ; elle eft conçue en ces termes :

DEÆ VENERI ERYCINÆ
SACRUM.

Le culte de Vénus en Sicile nous rappelle qu'elle y étoit encore honorée fous le titre de *Longuria*, d'un Lac nommé *Longurus*. Lycophron eft le feul Auteur qui en parle. Ces fortes de furnoms ifolés, quand ils ne font point accompagnés de circonftances remarquables, & qu'ils ne tiennent point à des coutumes particulières, ne méritent guères que l'on s'y arrête. Si nous en avons omis quelques-uns, ils ne peuvent être que de cette efpèce.

Nous terminerons nos recherches par quelques obfervations fur certains attributs de Vénus dont nous n'avons pas eu occafion de parler, & dont on fentira encore mieux l'analogie, après toutes les notions qui ont été données de la Divinité à laquelle ils conviennent.

Parmi les plantes, le myrte lui étoit confacré, comme le laurier à Apollon, la vigne à Bacchus, le peuplier à Hercule. (1) Les différentes raifons que l'on en rapporte, font que cet arbufte eft dans la claffe des Aphrodifiaques, qu'il eft d'une forme & d'une odeur très agréables, qu'il croît aifément fur le bord de la mer. Servius en donne une autre raifon prife de la fable de Myrrha. Le dernier fentiment eft celui d'Ovide,

Phurnut. edit. Gal. p. 65.

In lib. v. Æneid. v. 72.

---

(1)   *Populus Alcidæ gratiffima, vitis Iaccho,*
       Formofæ myrtus Veneri, fua laurea Phæbo.

Virgil. Eclog. VII. v. 62.

qui

qui dit que la Déesse ayant été apperçue par des Satyres lorsqu’elle séchoit ses cheveux sur le rivage, trouva le moyen d’échapper à leurs regards lascifs en se couvrant de myrte. (1) Mais la raison du Scholiaste de Nicandre, qui nous apprend qu’elle fut couronnée de myrte, après sa victoire sur Junon & sur Pallas, paroîtroit encore la plus vraisemblable. Virgile en parlant de la couronne de myrte dont Énée se ceignit le front en offrant un sacrifice pour son père, & désignant ailleurs celle qui seroit destinée à Césard comme nouveau Dieu, fait allusion à la consécration de cet arbuste à Vénus, en se servant de l’expression *myrtus materna*. Dans les fêtes galantes, les jeunes gens de l’un & de l’autre sexe se rassembloient, selon le langage des Poëtes, sous des bocages de myrte, ils en formoient des couronnes : & les amans malheureux se promenent encore dans les Enfers au milieu d’une forêt de myrte. Les femmes qui adoroient la Bonne Déesse ornoient sa chapelle de toutes sortes de fleurs & d’arbrisseaux, excepté de myrte, parce qu’il étoit consacré à Vénus, suivant Plutarque, dans lequel on trouve le récit d’une plaisante histoire à ce sujet. On voit aussi dans Lucien & dans Athénée combien le myrte étoit cher à la Déesse.

Nous ne connoissons point de monumens où Vénus paroisse représentée avec son arbrisseau favori, si l’on en excepte une

In Alexipharmac.

Æneid. V. v. 72. Georgic. i. v. 28.

Pervigil. Veneris.

Æneid VI. v. 443. Tibull. lib. i. Eleg. iii. v. 66.

Plutarch. Quæst. Roman. Lucian. Icaromen. Athen. lib. xv. cap. 6.

---

(1)
 Rite Deam Latiæ colitis matrejque nurusque ;
 Et vos quis viitæ longaque vestis abest.
 Aurea marmoreo redimicula solvite collo :
 Demite divitias : tota lavanda Dea est.
 Aurea siccato redimicula reddite collo.
 Nunc alii flores, nunc nova danda rosa est.
 Vos quoque sub viridi myrto jubet illa lavari :
 Caussaque cur jubeat, discite, certa subest.
 Littore siccabat rorantes nuda capillos.
 Viderunt Satyri, turba proterva, Deam.
 Sensit, & apposita texit sua corpora myrto.
 Tuta fuit facto : vosque referre jubet.
    Fast. lib. iv. v. 133

L

Muſ. Florent. tom. 2. Gemm. Antiq. pl. 72.

Beger Gemm. & Numiſ. p. 409.

Varro, lib. 4. de L. L.

Plin. lib. XII. c. 1. & XV. c. 29.

Livius, lib. 1.

Par'n Commentar.

pierre gravée publiée par Gori, & une médaille expliquée par Beger. Nous ne les citons que ſur la foi de ces Auteurs, ſans oſer en garantir l'authenticité. Vénus étoit honorée à Rome ſous le titre de *Murtia* ou de *Myrtea* dans l'onzième quartier. Quelques-uns l'ont ſurnommée *Murcea* (1) par oppoſition à *Strenua* ; le mot *Murcea* paroit être néanmoins une corruption de celui de *Murtia*.

La roſe n'étoit pas moins chère à Vénus que le myrte, ou parce que cette fleur paſſe pour la Reine des autres, & qu'elle fait l'ornement des jardins; ou parce qu'elle fut produite lorſque la mer fit

Anacr. Od 53.

naître de ſon écume la belle Vénus, & qu'elle la fit ſortir du milieu de ſes flots ; ou parce que cette fleur, qui étoit

Conſt. Cæſ. L. II. c. 18.

Bion. Epithal. Adon.

Ovid. Metam. lib. x. v. 728.

blanche d'abord, fut teinte du ſang qui ſortit du pied de la Déeſſe bleſſée d'une épine, ou enfin parce qu'elle eſt née du ſang d'Adonis. (2) Nous ne rapporterons point toutes les autres origines de la roſe ; il ſuffit de dire avec Anacréon, qu'elle eſt le parfum des Dieux, la joie des hommes, l'ornement des Graces dans la ſaiſon fleurie des amours, qu'elle fait les délices de Vénus, & que l'on prend plaiſir à la cueillir, même en ſe piquant à ſes épines. Delà l'uſage des couronnes de roſes en tant de circonſtances, delà les préſens de roſes que les amans faiſoient à leurs maîtreſſes, delà en un mot la ſuperſ-

Anacr. Od. 53.

tition ſingulière de frapper ſur ſa main avec des feuilles de roſes repliées pour juger du ſuccès de ſes amours. C'eſt d'après ces

Martian. Capell. lib. 1.

Euripid. Med. Act 3. de Ven. Pro_ert. l. 1.

Val. Flac. l. VIII. Argon.

idées que les Auteurs de l'antiquité, & ſurtout les Poëtes ont formé avec une ſorte de complaiſance des couronnes de roſes pour Vénus, & qu'ils en ont orné ſes beaux cheveux.

Dans la deſcription que fait Anacréon d'un diſque où la Déeſſe

---

(1) Quaſi marcidos efficiens viros.

(2) At cruor in florem mutabitur.

étoit repréſentée au milieu des mers , ce Poëte dit qu'elle fend, avec une gorge de roſe, les flots où elle brille comme un lis parmi les violettes. (1) Virgile la peint avec une tête couleur de roſe , (2) & ailleurs avec des lèvres de même couleur , (3) ce qui eſt plus naturel ; mais il eſt évident que dans ces manières de parler, les Poëtes ont pris la partie pour le tout. Apulée lui donne des pieds de roſe , il lui en couvre même tout le corps. (4) Comme la roſe offre la plus belle des couleurs, il étoit naturel qu'elle fut affectée à la plus belle des Déeſſes. C'eſt cette couleur précieuſe , ſymbole de la pudeur qui ſied ſi bien aux jeunes perſonnes , principalement à celles du ſexe.

Il ſemble que ce ſoit pour unir les roſes aux lis que l'on ait conſacré pareillement cette dernière fleur à la Déeſſe de la beauté, à laquelle Anacréon la compare ; cette idée au moins ſeroit plus honnête que la raiſon qu'en donne un Auteur cité par Athénée, raiſon priſe d'un ſigne qui eſt au milieu de la fleur, & que nous nous diſpenſons de nommer par reſpect pour nos Lecteurs. (5)

On mettoit le pavot au nombre des attributs de Vénus, comme étant le ſymbole de la fécondité & de la population. Les amans ſe

Apul. Met.
L. 4.

Athen. L. xv;
p. 683.

Porphyr. apud
Euſeb. Præpar.
Ev. lib. III. c.
xI.

---

(1)

Ρεδίων δ' ὕπερθε μαζῶν ,
Ἀπαλῆς ὕπερθε δειρῆς ,
Μέγα κῦμα πρῶτα τέμνει
Μέσον αὔλακος δὲ Κύπρις ,
Κρίνον ὡς ἴοις ἑλιχθὲν ,
Διαφαίνεται γαλήνας.

Od. 51.

(2)   Dixit & avertens roſeâ cervice refulſit.   Æneid. 1.
(3)   — roſeoque hæc inſuper addidit ore.   Æneid. 2.
(4) Totum revincta corpus roſis micantibus.   Apul. Met. lib. 6.
(5)

--- Πολίες δέ γε χάρμ' Ἀφροδίτης
Ἤριπε γὰρ χραιῆ τὸ δὲ πυ ἐπὶ μίσσαι ὄνειδος
Ὅπλον βρωμίσας διεκτέλλον πεφάτισαι.

Papaver ex om-
ni antiq. erut.
Theocrit.
Idyll. 2. v. 30.

Paufan. Corin-
thiac. p. 134.

fervoient de fes feuilles pour favoir s'ils n'étoient point oubliés des perfonnes dont ils avoient intérêt d'être aimés. On en faifoit auffi des couronnes pour les nôces en figne de fécondité. A Sicyone, on voyoit une ftatue d'yvoire de Vénus qui tenoit d'une main des têtes de pavot , & de l'autre une pomme.

Colut. de rapt.
Helen. v. 167.
Scholiaft. Arif-
toph. in Nub.,
act. 3 fcen. 3.
ad v. 37.
Théocrit. Idyll.
2. v. 121.
Lucian. in To-
xari.
Propert. lib. 2.
eleg. ult. v. 71.
Philoftrat.
Icon. tit. Amo-
res.
Suidas , verb.
μῆλον.
Erafm.
Chiliad. 2.
Cent. 4.

En effet , ce dernier fruit lui étoit auffi confacré. La pomme qu'elle reçut de Pàris , lorfque ce Troyen lui décerna le prix de la beauté , en feroit une raifon fuffifante. D'ailleurs c'étoit un figne d'amour. Les amans , chez les Grecs & les Romains, avoient coutume d'en faire préfent à leurs maîtreffes plutôt à caufe de l'idée que l'on y attachoit, fans doute, que pour le préfent en lui-même qui paroîtroit un peu modique de nos jours. Le proverbe μήλῳ βληθῆναι marquoit une invitation de galanterie , & Virgile y fait allufion lorfqu'il dit :

Malo me Galathea petit lafciva puella
Et fugit ad falices , & fe cupit antè videri.

Phurnut. édit.
Gal. p. 65.

Le myrte, la rofe , le lis, le pavot & les pommes , quoique d'éfpèces très différentes, convenoient néanmoins à Vénus par de certains rapports. Il en eft de même de trois efpèces d'oifeaux que les Anciens ont fouvent attelés à fon char. Perfonne n'ignore que la colombe étoit deftinée à cette fonction. La prédilection de Vénus pour les colombes vient , felon quelques-uns, de leur aptitude au plaifir & de la manière voluptueufe dont elles fe careffent ; d'autres l'attribuent à leur fingulière fécondité. C'eft une chofe fort com-

Anacr. Od. 1x.

mune que de voir le char de Vénus tiré par des colombes. Les Poëtes nous les ont fouvent repréfentées comme étant de l'appanage de cette Déeſſe. (1) Sapho qui ſavoit auſſi-bien que d'autres ce qui concerne ces matières, a mieux aimé faire ſervir Vénus par des moineaux. Cette femme étonnante, dont on regrettera ſi long-temps les ouvrages, avoit ſans doute des raiſons pour préférer les moineaux aux colombes : on connoît toute l'ardeur de ces petits oiſeaux dans leurs amours. C'eſt par l'intérêt que Catulle ſavoit que Vénus y prenoit, qu'il l'invite, ainſi que Cupidon, à partager ſa douleur ſur la mort du moineau de Lesbie.

Enfin les cygnes, ces oiſeaux favoris d'Apollon, ont auſſi été honorés du noble emploi de promener Vénus dans ſon char. (2)

Il ſeroit étonnant que les Poëtes, en célébrant la Déeſſe de la beauté, euſſent négligé de parler d'un ornement qui lui eſt eſſentiel, ſurtout dans les femmes, & qu'ils n'euſſent rien dit de ſa belle chevelure. Auſſi *Coluthus* (3) & le Poëte

---

(1) *Vix ea fatus erat, geminæ cum forte columbæ*
Ipſa ſub ora viri cælo venere volantes,
Et viridi ſedere ſolo, tum maximus heros
Maternas agnoſcit aves.

Æneid. VI.

Et Veneris dominæ volucres, mea turba columbæ.

Propert. lib. III. El. 3, v. 32.

(2) *Illa quidem monuit, junctiſque per aera cycnis*
Carpit iter.   Ovid. Met. lib. X.
Vecta levi curru, medias Cytherea per auras
Cypron olorinis nondùm pervenerat alis.

Idem. ibid.
─── *Quæ Cnidon*
Fulgenteſque tenet Cycladas & Paphon
Junctis viſit oloribus.

Horat. lib. 3. Carm. Od. 28.

Et molles agitat Venus aurea Cycnos.

Stat. lib. 3. Sylv.

(3) Οὔτω καλλικόμοιο μεθ' ἱμερτῆν Ἀφροδίτης.

Epiménide (1) lui donnent-ils l’épithète de Καλλίκομος. Junon & Minerve délibérant fur les moyens de favorifer Jafon dans l’entreprife qu’il avoit formée d’enlever la Toifon d’or, conviennent d’aller trouver Vénus, & de la prier d’engager fon fils à infpirer de l’amour à Médée pour le Chef des Argonautes. Alors, en entrant chez la Déeffe, dit Apollonius, elles la trouvérent difpofant elle-même avec un peigne d’or, fes cheveux flottans fur fes belles épaules, pour les frifer enfuite en longues boucles. (2) Claudien paroît avoir imité cette penfée d’Apollonius, lorfqu’ayant fait paffer les mers à Cupidon pour aller en Cypre annoncer à fa mère le pouvoir qu’il exerce fur le cœur d’*Honorius*, il fuppofe que ce Dieu la trouve à fa toilette au milieu des Graces occupées à la fervir. (3) Spanheim, dans fes Obfervations fur l’Hymne de Callimaque en l’honneur de Pallas, fait mention d’une médaille de Marc-Aurele frappée à Laodicée, dont le type offre Vénus fe peignant : il ajoute que cette médaille fe trouve dans le Cabinet de Florence. Nous ne la connoiffons pas, & il eft bien fûr qu’un type femblable, au revers d’une tête d’Empereur, n’eft pas ordinaire. Vaillant en a cité une autre de *Julia*, femme de Septime Sévére, qui préfente, felon lui, le

Argonaut. L. III. v. 46.

De Nupt. Honor. & Mar. v. 99.

p. 551.

Vaillant Num. Græc. p. 90.

---

(1) Voyez le paffage de ce Poëte cité à la page 5, note (1).

(2)   Λευκῇσιν δ' ἑκάτερθε κόμας ἐπιειμένη ὤμοις,
       Κόσμει χρυσείῃ διὰ κερκίδι· μέλλε δὲ μακρὰς
       Πλέξασθαι πλοκάμους.

(3)   *Cæfariem tunc fortè Venus fubnixa corufco*
       Fingebat folio ; dextrâ levâque Sorores
       Stabant Idaliæ : largos hæc nectaris imbres
       Irrigat : hæc morfu numerofi dentis eburno
       Multifidum difcrimen arat : fed tertia retrò
       Dat varios nexus, & jufto dividit orbes
       Ordine, neglectam partem ftudiofa relinquens.

même type ; il conviendroit mieux, en effet, à une Impératrice ; mais il eſt douteux que la deſcription qu'il en fait ſoit exacte. Au reſte, cette médaille aſſez rare, a été gravée dans le recueil de Geſner, & publiée par Havercamp ; comme elle a certainement quelque rapport à Vénus, nous avons cru pouvoir la placer ici.

Cabinet de la Reine Chriſtine.

La belle chevelure dont les Poëtes ont orné Vénus, & le ſoin particulier que cette Déeſſe étoit ſuppoſée en prendre, a fait mettre vraiſemblablement ſous ſa protection les femmes nommées *Pſecades*, dont la fonction étoit de coiffer les Dames & de les parfumer. L'inſcription ſuivante peut faire croire que Vénus étoit leur Divinité tutélaire.

VENERI SACRVM CASSIA I. L. PSECHAS.

Reineſ. p. 1243.

Le miroir doit être regardé par conſéquent comme un de ſes attributs. C'eſt pourquoi Sophocle voulant peindre la Volupté & la Vertu ſous l'allégorie de Vénus & de Pallas, il repréſente la première employant des parfums précieux & ſe contemplant dans un miroir, tandis que l'autre ſe frotte d'huile & s'applique aux exercices du corps. Apulée décrivant la pompe avec laquelle Vénus paroît ſur la mer, dit qu'elle eſt accompagnée de Néréides & de Tritons qui s'empreſſent de lui rendre leurs devoirs, & que l'un de ces Tritons tient un

Apud Athen. lib. xv. p. 687.

miroir fous les yeux de la Déeffe. (1) On voit dans les Antiquités d'*Herculanum* une jeune femme affife, tenant un miroir dans lequel elle fe regarde, & de l'autre main foulevant une treffe de fes cheveux : nous ne fommes point éloignés de croire que c'eft Vénus, ainfi que le penfent les Éditeurs de l'ouvrage.

Ce fujet a été traité par des Artiftes modernes, & le tableau du Carache, appartenant à M^r. le Duc d'Orléans, eft bien digne d'être propofé pour modèle. On y voit la Déeffe affife : deux des Graces debout autour d'elle font occupées à treffer fes cheveux, & la troifième lui préfente un miroir. Les gens de l'art pourroient louer avec raifon la correction du deffin, & décrire toutes les beautés de ce tableau ; nous croyons même que c'eft affez en faire l'éloge, que d'indiquer la riche collection dans laquelle il fe trouve & que de nommer le Peintre. Nous remarquerons cependant que le miroir n'eft pas dans la forme antique ; & quoique cette petite négligence ne diminue rien du prix d'un fi bel ouvrage, on ne peut trop recommander aux Artiftes de fe conformer au Coftume, quand ils traitent des fujets de l'antiquité. La pierre gravée fuivante donnera une idée du miroir des Anciens.

Gravelles pl. XXIV.

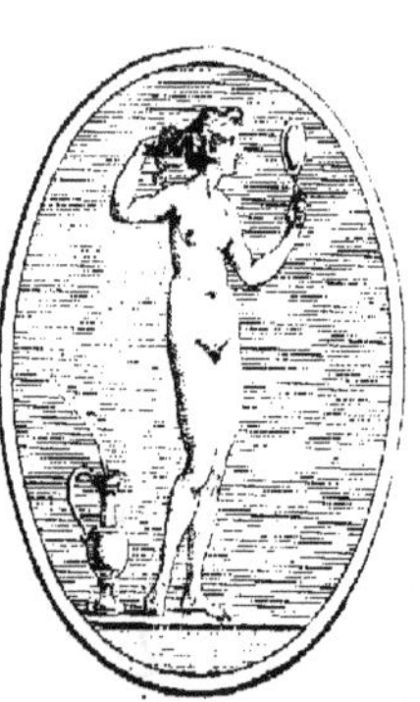

---

(1) Adfunt Nerei filiæ Chorum canentes, & Portunus cærulis barbis hifpidus, &

A ces

A ces attributs divers, qui font autant de fymboles de gaieté & de volupté, nous n'en avons qu'un de retenue & de pudeur à oppofer. C'eſt celui de la tortue, qui eſt bien plus rare, puiſque l'on ne connoît que la ſtatue décrite par Pauſanias, dont nous avons parlé, qui foit accompagnée de ce chétif animal, & c'eſt un feul Auteur qui lui donne l'interprétation du filence & de la vie fédentaire à laquelle les femmes mariées doivent fe condamner. (1) On pourroit cependant foupçonner une autre raiſon priſe de la nature des tortues. Le mâle parmi les tortues terreſtres, dit Elien, eſt très-ardent pour la propagation de fon efpèce ; la femelle au contraire ne s'y prête qu'avec répugnance ; cet éloignement vient, felon Démoſtrate, de ce que la femelle étant alors pofée fur le dos, le poids de fon écaille fait qu'elle a une peine infinie à fe retourner, lorſque le mâle s'eſt retiré, & qu'après cela elle reſte en proie aux animaux, & furtout à l'aigle. Le même Auteur ajoute, que le mâle employe toutes fortes de ruſes & de petits foins pour l'engager à fe rendre, & que la femelle finit par oublier le danger pour fe livrer au plaifir.

Autant les colombes, les moineaux & les cygnes étoient agréables à Vénus, autant les porcs lui étoient-ils odieux, foit à cauſe de la mort d'Adonis, foit parce que c'étoit une

Pauſan. Eliac. 2. c. 15.

Plutarch. in Conjugal. Præcept.

Ælian. Hiſt. Animal. l. xv. cap. 19.

---

gravis piſcoſo finu Salacia, & auriga parvulus Delphini Palæmon ; jam paſſim maria perſultantes Tritonum catervæ. Hic conchâ fonaci leniter buccinat : ille ferico tegmine flagrantiæ Solis obſiſtit inimici : alius fub oculis Dominæ fpeculum prægerit.

Apul. Metam. lib. IV.

(1) On lit dans les emblêmes d'Alciat une épigramme relative à ce fujet.

    Cernuus armiſonæ præbet draco colla Minervæ ;
    Domiportam at exterit Venus teſtudinem.
    Virgo ſui ſatagit decoris benè provida ; at uxor
    Frugi ſilet, nec limen excedit domus.

M

efpèce immonde ; & il eft remarquable que cette haine étoit pour certains peuples un motif de lui en facrifier , & pour quelques autres de les écarter de fes autels. Athénée nous apprend que les Grecs & les Argiens entr'autres lui en immoloient; Paufanias affure que les habitans de Sicyone lui offroient les cuiffes de toutes fortes de victimes excepté des porcs ; & les Romains n'en facrifioient point du tout, ce qui peut fe concilier en difant que l'offrande des Grecs étoit une efpèce de vengeance tirée de cet animal qui avoit donné la mort au favori de la Déeffe ; & que les Romains s'abftenoient d'en offrir, pour ne point fouiller fes regards par la préfence d'une victime auffi dégoûtante.

Tout ce qu'on vient de lire fe réduit donc à une feule idée. Vénus eft la Nature modifiée fous une infinité de formes, & indiquée par mille attributs divers. Nous avons effaié d'enchaîner les idées puifées dans les Auteurs de l'Antiquité, de rapprocher les plus éloignées en apparence, & d'en former un fyftême. Si, malgré nos efforts, on remarque quelqu'incohérence, il faut l'attribuer aux fictions des Poëtes & aux opinions populaires du temps qui fe font gliffées à travers la doctrine plus fimple des premiers Philofophes. Quant à la partie hiftorique, nous avons mis à contribution tout ce dont on pouvoit emprunter des lumières, les Auteurs & les Monumens. Nous avons évité certains détails qui pouvoient avoir rapport à Vénus , tels que fon mariage avec Vulcain, fes amours avec Adonis , & autres femblables, qui n'étoient point de notre fujet. Il eût été facile d'étendre cet ouvrage , mais une Differtation fuffit, & nous aurions fait un volume, fi nous euffions mis en ufage toutes nos recherches.

Après avoir difcuté cette queftion avec toute l'attention dont nous fommes capables, il ne nous refte plus qu'un defir à former ; c'eft de n'avoir point ennuié nos Lecteurs, auxquels nous avons épargné, autant qu'il a été poffible, une érudition inutile & fatigante.

F I N.

TABLE

DES MATIERES.

A

Agapenor, conduit une colonie à Paphos; il y fait élever un temple en l'honneur de Vénus. *page* 22

Alcamene, Sculpteur d'Athènes. Sa Vénus des Jardins. 32

Allégories, celle de Vénus & de l'Amour est une des plus ingénieufes. 30

Son défaut. 30 31

Amour, illicite, infpiré à Philoctète par Vénus. 59

Influence de Vénus fur tout ce qui avoit rapport à la paffion de l'amour. 57

Reflexion de Lucien fur les deux fortes d'amour. 56

Ses effets bien ou mal ordonnés imputés à la même caufe. 50

— Déréglé ; Vénus 'Αποςροφία faifoit revenir de fes excès. 62

Reflexion de Caton à ce fujet. 62

— Immodéré de quelques femmes. 60

Anacréon. Son Ode fur les Femmes. 48

Anchise. Ses amours avec Vénus. 35

— Et Vénus repréfentés fur une médaille. 35

Anthologie. Épigrammes de l'Anthologie fur Vénus Anadyomène. 9 10

Épigramme fur la Vénus de Praxiteles. 68

Apelles. Son tableau de Vénus Anadyomène, 9 13 14 15

Αφροδιτη. Nom Grec de Vénus, 5

Différentes étymologies de ce mot. 18

A᠊ꜰʏ᠊ɪɪ. Poiſſon agréable à Vénus. 19

Aᴘᴜʟᴇ́ᴇ. Confond Vénus avec Cérès, Diane & Proſerpine. 5

Aʀᴍᴇs de Vénus, ce qu'elles ſignifient. 48

Aʀᴛɪsᴛᴇs. Leur talent contribua beaucoup à la réputation de certaines Divinités. 68

    Ils doivent ſe conformer au Coſtume quand ils traitent des ſuets de l'Antiquité. 88

Asᴛᴀʀᴛᴇ́. Médailles ſur leſquelles elle eſt repréſentée. 52

Aᴛʜᴇ́ɴɪᴇɴs. Leur piété envers les Dieux. 64

Aᴛᴛʀɪʙᴜᴛs. Remarque ſur les Attributs des Divinités. 54

Aᴜɢᴜsᴛɪɴ, (St.) Étymologie ridicule qu'il donne du mot *Venus.* 29

Aᴠʀɪʟ. Si ce mois étoit conſacré à Vénus, & pourquoi. 32

    Varron mis en oppoſition avec Ovide à ce ſujet. 32 33

    Les Fêtes de Vénus commençoient le premier jour de ce mois. 33 34

B

Bᴀᴄᴄʜᴜs. Aſſocié à Vénus. 44

Bossᴜᴇᴛ, attaque injuſtement la mémoire du Légiſlateur Solon. 41

    Il calomnie tout un grand peuple. 41

    Il n'entend point la queſtion. 41

Bᴏᴜᴄ. Raiſon pour laquelle Vénus Πάνδημος eſt repréſentée aſſiſe ſur un bouc. 56

C

Cᴀʟʟɪᴘʏɢᴇ, ou *aux belles feſſes* ; épithéte de Vénus. 72

    Ce qui a donné lieu à ce ſurnom. 72

    Statue de Vénus Callipyge. 72

    Eſt repréſentée au Cul-de-lampe de cette Diſſertation.

CAPITOLE. Nom de cette montagne donné à plufieurs Divinités qui y étoient honorées.   73

CARACHE. Son tableau de la toilette de Vénus, appartenant à M.ᵣ LE DUC D'ORLÉANS.   88
N'a pas employé dans ce tableau la forme antique du miroir.   88

CAYLUS. (M. le Comte de) fa defcription d'un monument de bronze repréfentant Vénus Anadyomène.   10
Quel eft l'objet du prix qu'il a fondé dans l'Académie des Belles-Lettres.   3

CÉRÈS, ce mot employé pour fignifier du pain.   31

CÉSAR (Jules) portoit une Vénus armée , gravée fur fon anneau.   50
Sa vénération envers Vénus.   35
Il inftitue des jeux & des fpectacles en fon honneur.   35
On voit fouvent la tête de Vénus fur fes médailles.   35

CESTE de Vénus ; belle defcription qu'en fait Homere.   44

CHASTETÉ. Cérémonie fingulière pour laquelle elle étoit requife , felon un Auteur.   79

CHEVEUX. Ornement effentiel à la beauté , fur-tout dans les Femmes.   85
Les Dames Romaines coupent leurs cheveux pour fervir aux machines de guerre.   74

CICERON. Il admet quatre Vénus.   5

CINCIUS. Son ouvrage fur les Faftes.   32

CINYRE , Auteur du culte de Vénus en Cypre.   21
avoit réuni en fa perfonne le Sacerdoce & la Royauté.   26

CLÉMENT D'ALEXANDRIE. Auteur indécent dans le récit qu'il fait de la naiffance de Vénus.   6 & 7

CNIDE. On en faifoit le voyage pour voir la ftatue de Vénus, ouvrage de Praxiteles.   69

COLOMBE. Oifeau chéri de Vénus.   84

COLONNE. Signe représentatif de Bacchus. 24

COQUILLE. Un des Attributs de Vénus. 28

CORINTHE. Cette ville s'est distinguée par sa vénération envers Vénus. 65

 Le temple de Vénus dans cette ville. 65

 Ce qui a donné lieu au proverbe : *Il n'est pas permis à tous
 d'aller à Corinthe.* 65

Cos. Ce fut pour les habitans de cette isle qu'Apelles fit la Vénus Anadyomène. 14 15

COURTISANNES. A Corinthe étoient chargées dans certaines
circonstances d'adresser des prieres à Vénus. 66

COUTUMES des Anciens : Difficulté qu'il y a de porter un jugement sur des coutumes pratiquées dans des temps si
éloignés de nous. 66

CYGNES attelés au char de Vénus. 85

CYPRE. Vénus passe pour avoir pris naissance dans cette isle. 22

 Le premier pays de la Grèce où Vénus ait été honorée. 27

 Comment Callimaque désigne cette isle. 19

 Les habitans de Cypre vendoient de petites statues aux
 Pellerins que la dévotion conduisoit chez eux. 20

CYTHÈRE. Il y avoit dans cette isle un temple de Vénus Uranie. 19

 Médaille de Cythère, qui a pour type une Vénus. 19

CYTHÉRÉENNE. (Vénus) étoit la Nephtis de l'Egypte, selon
M. de Paw. 19

D

DAMOPHON. (Sculpteur) la statue qu'il fit de Vénus
Μηχανῖτις. 39

DEXICRÉON. (Charlatan) donne son nom à une statue de
Vénus. 67

DIEUX.

Dieux. Quelles étoient les idées des Anciens fur eux. 3
Discrétion. Vénus l'exige dans les myftères amoureux. 38
Dorade. Confacrée à Vénus. 19

E

Eau. Principe de tout, fuivant Thalès. 27
Ecclésiastiques (Écrivains) indiqués. 43
— Peu verfés dans l'Antiquité : manquent de critique : fe laiffent emporter à l'excès de leur zèle , & pourquoi. 20 21
— Se fervent fouvent d'expreffions fort libres quand ils parlent des Divinités des Anciens. 4
— Profitent des plus petites circonftances, pour déprimer les Divinités des Anciens. 74
Éloquence. Ce don accordé à Vénus. 43
Épiménide. Quelle origine il donne à Vénus. 5

F

Fables. Quelles font celles que l'on doit préférer. 2
Femmes. (Maladie des) ce que c'eft , felon le Médecin Patin. 58
Fénelon. Son refpect pour les Anciens. 63
Fureur utérine , eft l'effet de la violence du tempérament. 59

G

Galanterie. Si les Anciens en ont mêlé dans le culte qu'ils ont rendu à Vénus ? 38
Golgi. Village fous la protection de Vénus. 22

J

JARDINS. Vénus en avoit la préfidence. 31

IDALIUM. Médaille de cette ville fur laquelle Vénus eſt repréſentée. 27

JUPITER Κρηταγενής. 20

K

ΚΙΝΥΡΑ´ΔΑΙ. Nom des Prêtreffes de Vénus en Cypre. 21

L

LACÉDÉMONIENS. Ils repréſentoient leurs Dieux & leurs Déeſ-
fes avec une lance, & pourquoi. 49

LAïs. Vénus lui apparut en fonge. 38

Plaifante reflexion de Bayle à ce fujet. 38

Aventure de cette Courtifanne en Theſſalie. 42

LIS. Confacré à Vénus. 83

Cette fleur contient le figne d'une chofe qu'il ne feroit
pas honnête de nommer. 83

LUCRÉCE. Invocation qu'il fait à Vénus, comparée avec des
vers d'Ovide. 30

M

MARS. Amours de Mars & de Vénus. 45

MÉDICIS. (Vénus de) Defcription qu'en fait l'Abbé Winkel-
mann. 16

Le Dauphin & les Amours qui lui fervent d'appui ne
paroiffent pas de la même main que la ftatue. 16 17

— Repréſentée au Fleuron du titre de cette Differtation.

MERCURE. Affocié à Vénus. 43

MEURSIUS. Commentateur diffus & obfcur. 38 61

MIRACLE, attribué à une petite ftatue qu'un homme avoit
achetée en Cypre. 20

MIROIR. Attribut de Vénus. 87

    . Sa forme antique. 88

MOINEAUX, employés à tirer le char de Vénus. 85

    Sapho les préfére aux colombes. 85

MYTHOLOGIE. Son obfcurité. 2 53

    Son avantage fur les autres fauffes Religions. 2

    Attaquée par des ignorans. 2 3

    Elle fert d'aliment aux Beaux-Arts. 3

MYRTE confacré à Vénus. 80

N

NEPTUNE. Ce mot employé pour fignifier des poiffons. 31

O

OΙΣΤΡΟΣ. Explication de ce mot. 59

P

PAVOT. Étoit au nombre des Attributs de Vénus. 83

    Superftition de frapper fur fa main avec des feuilles de
pavot, pour favoir fi l'on étoit heureux dans fes amours. 84

PAPHIENNE. *Voyez* Vénus Paphienne.

PAPHOS. Deux villes de ce nom, l'une ancienne & l'autre
nouvelle. 22

    Son culte envers Vénus. 22 23

    Médailles de Paphos. *Voyez* Vénus Paphienne.

Passion aveugle d'un jeune homme pour la statue de Vénus à Cnide.   68

Phéniciens, portèrent en Grèce le culte de Vénus Uranie. 53

Pierres. Signes représentatifs des Dieux.   24

Platon, reconnoissoit deux Vénus.   5

Pomme, attribut de Vénus.   84

Les amans en faisoient présent autrefois à leurs maîtresses.   84

Ce présent paroîtroit un peu modique de nos jours.   84

Porcs. Ils étoient odieux à Vénus.   89

C'étoit une raison pour certains peuples de lui en immoler, & pour d'autres de les écarter de ses Autels.   90

Poupées. Les jeunes filles offroient leurs poupées à Vénus, lorsqu'elles étoient sur le point de se marier.   37

Praxiteles. Description de sa Vénus par Pline.   69

Sa Vénus sur un médaillon de Caracalla frappé à Cnide. 71

Il avoit si bien imité la nature qu'un jeune homme se cacha la nuit dans le temple, pour assouvir sa passion avec cette statue.   68

Priape. Associé à Vénus.   32

Propagation. Influence de Vénus sur la propagation de l'espèce humaine.   31

Propétides, furent les premieres qui se soient prostituées. 42

Argument que l'on tire de leur prostitution pour prouver qu'elle n'étoit point en usage.   42

— Punies par Vénus, & comment.   57

Prostitution. Elle ne fut jamais consacrée par la Religion chez aucun peuple policé.   42

Psecades. Femmes dont la fonction étoit de coiffer les Dames & de les parfumer.   87

Elles étoient sous la protection de Vénus.   87

Pygmalion n'a point violé la ftatue de Vénus Paphienne. 22

R

Romains, imitateurs des Grecs pour le culte des Dieux. 73
   Ils tiroient vanité de defcendre de Vénus par Énée. 35
Rose. Cette fleur étoit chère à Vénus, & pourquoi.   82
   On prend plaifir à la cueillir, même en fe piquant à fes
   épines.   82
   Superftition fingulière de frapper fur fa main avec des
   feuilles de rofes repliées, pour juger du fuccès de fes
   amours.   82
   Les Poëtes en donnant une tête de rofe & une gorge de
   rofe à Vénus, prenoient la partie pour le tout.   83
   Couleur de rofe, fymbole de la pudeur.   83

S

Scopas, Sculpteur; fa ftatue de Vénus Πάνδημος.   56
Scythes. Comment punis par Vénus, pour avoir pillé fon tem-
   ple d'Afcalon.   58
Solin. Fragment de fon Poëme intitulé *Ponticon*.   29
Superstition. Sa force.   25
Surnoms de Vénus. Il feroit inutile de les citer tous. 71 72
   Lifte des principaux. *Voyez* Vénus.

T

Titien. (le) Sa Vénus Anadyomène, nommée vulgairement
   Vénus à la Coquille.   13
   Voyez le Frontifpice de cette Differtation.
Tortue. Statue de Vénus avec le pied pofé fur une tortue. 89

D'où vient l'averſion de la tortue femelle pour ſe joindre
au mâle. 89

— N'eſt pas un attribut eſſentiel de Vénus Uranie. 53

V

Vénus. Différentes étymologies de ce mot. 29

— Nait de l'accident arrivé à *Cœlus*. 6

— Sa puiſſance ſur la mer. 6

— Fille de la mer. 9

— Pourquoi les Poëtes ont feint qu'elle tiroit ſon origine
de la mer. 28

La premiere forme ſous laquelle on l'ait repréſentée chez
les Grecs, vient de la premiere idée qu'ils en ont eue. 17

Vénus. Fille de Jupiter & de Dioné. 1

Ce que l'on doit penſer de la prétendue exiſtence de cette
Divinité. 3

Son Hiſtoire doit entraîner dans des détails qui peuvent
paroître licencieux. 4

Origine de cette Divinité, ſelon Bayle. 60

Son origine eſt obſcure. 45

Idée que les Poëtes s'en ſont formée. 41

Sa naiſſance dans l'iſle de Cypre , ce qu'elle ſignifie.
19 20

Sa puiſſance. 63

Sa vengeance funeſte à ceux qui mépriſent ſes loix. 41

Redoutable à ceux qui l'ont offenſée. 57

Sa vengeance contre toute la famille du Soleil. 57

— Anadyomène. Si la Vénus de Médicis eſt une Vénus
Anadyomène. 16 Ses cheveux doivent paroître mouillés. 17 Gori prétend , ſans raiſon, qu'elle eſt repréſentée

fur une pierre gravée du Cabinet de Florence. 17

Abus de prendre des femmes nues pour des Vénus. 17

VÉNUS. Déeffe de la volupté, mère des Amours. 40

Déeffe des ris & des jeux. 44

Quel étoit fon cortège. 43 44

C'eft une abfurdité que de dire qu'elle ait été Courtifanne. 21

Ce qui a donné lieu de dire que c'étoit une Courtifanne. 41

— Pudique. 41

— Paphienne. Les Éditeurs des Antiquités d'*Herculanum*
ont publié une efpèce de pyramide qu'ils croient, fans
raifon, être Vénus Paphienne. 25 Son temple. 23
Defcription de fa ftatue par Tacite. 23 C'étoit un Cône
& pourquoi. 23 Sa figure fur les médailles. 25 M. l'Abbé
Brotier croit, fans raifon, que c'eft un *Phallus*. 24 Son
oracle. 26 Sa forme bizarre longtemps employée malgrè
les progrès de l'art. 25 Son culte fe répandit dans des
pays fort éloignés de Paphos. 26 Il fut admis à Sardes. 26

VÉNUS. Mife au nombre des Divinités Infernales. 40

— *Genitrix*. Comment elle eft repréfentée fur les médailles. 36 Statue de Vénus *Genitrix* publiée par Gori. 36
Les Grecs lui adreffoient des vœux pour obtenir des
enfans. 36

Les filles & les veuves lui faifoient des facrifices avant
leurs nôces. 36 37

— Confondue avec Junon & pourquoi. 39

Sa métamorphofe en poiffon. 28

— Nom par lequel on entendoit la Nature elle-même. 29

— Et Pfyché. 31

— Ce mot employé pour fignifier des légumes. 31

— Regardée comme la caufe des productions de la terre,

& de la fécondité des hommes. 34

— Sa toilette. 86

— La plus ancienne des Déeffes. 63 Son culte établi en Grèce avant celui de Jupiter. 63

— Victorieufe. Comment elle eft repréfentée fur les médailles. 46 47

— Célefte. Gori a donné ce nom à une ftatue du Cabinet de Florence, fans autorité. 54

Vénus Célefte, ce que les Grecs entendoient par cette Divinité. 53

— Erycine. Infcription en fon honneur. 80 Son temple repréfenté fur une médaille de la famille *Confidia.* 77 Vifionnaire qui a écrit que ce temple avoit été renverfé la nuit de la naiffance de Notre Seigneur J. C. 78 Réparé par Tibère ou par Claude. 78

— Syrienne paffoit pour avoir les deux fexes. 51 Qu'elle en eft la raifon. 51 52

— De Cypre paffoit pour avoir les deux fexes. 20 Ce que cela fignifioit. 20

— *Hortenfis.* Pierre gravée qui la repréfente, felon Gori. 32

Vénus. Ses Épithètes ou furnoms.

Acréenne. 69

Αἰνιάς, 33

Æneia. 78

Albana. 75

ΑΛΕΝΤΙΑ. *Alefias.* } 67

Ἁλιγενὴς. 6

Alma. 30

Amathufia, 27

Ἀναδυομένη.

Ἀναδυομένη. 8

Ἀνδρόφονος. 41 n'eſt pas proprement une épithète.

Ἀνόσια. 41

Aphacitis. 51

Ἀφρογένεια. 6

Ἀποτροφία. 62

Archilis. 51

Ἀρεία. 45

Ariadne. 61

Armée. 47

Aſtarté. 51

Aurea. 30

Alilat ou Alitta. 51

Βασιλίσσα. 30

Byblia. 51

Cabar. 51

Cæleſtis. 50 54 55

Calva. 74

Cluacina & non Cloacina. 74

Cnidia. 68 70 71

Colias. 64

Cypris. 20

Cythéréenne. 19

Καλλίκομος. 86

Καρποφόρος. 32

ΚΑΣΓΝΗΤΗΣ. 71

Ἐν Κήποις. 32

Κρατῦσα Κύπρυ. 27

Χρυσῆ. 30

Delephat. 51

O

Derceto ou Atergatis.   51

Διωναία.   1

Δολόπλοκος.   39

Doritide.   69

Εγχεῖος.   49

Ἐπιτραγία.   61

Ἐπιτυμβία.   40

Erycina.   75 76 77 78

Ἑταίρα.   39

Εὔπλοια.   70

Gabina.   75

Genitrix.   34

Γενέτειρα, &c.   34

Idalia.   27

Juno.   39 40

Λαδαγενὴς.   66

Libentina. }
Lubentina. }   37

Limenia. }
Limnefia. }   8

Longuria.   80

Marina.   8

Melænis.   37

Μηχανῖτις.   38

Mitra.   51

Migonitis.   37

Μηρίω.   49

Mylitta.   51

Myrtea. }
Muria. }   82

Μυχαία.   38

Νύμφη.	37
Οἰστροφόρος.	59
Olympia.	66
Οὐρανία.	50
Παναγαθος.	30
Παναιτία.	30
Πάνδημος.	50
Πάνθεα.	30
Πασιφάεσσα.	60
Περιβασίη.	60
Pelagia.	8
Ποντία.	8
Ποντογένεια.	6
Φιλομμειδής. Φιλομμηδής.	7
Physica.	43
Placida.	62
Πολύκοινος.	60
Popularis.	50
Πλινθία ou ἐν πλίνθῳ.	71
Πόρνη, n'est point une épithète.	41 & 42
Πρᾶξις.	71
Pudique.	61
Romana.	73
Salambo.	51
Ψίθυρος.	38
Θαλασσία.	8
ΘΙΜΕΡΗ.	59
Τροπαιοφόρος.	47
Verticordia.	62

Victrix.   46

Volgivaga.   61

Vulgaria.   61

Ξένη , ou *Peregrina.*   71

Ζείδωρος.   30

Zerinthia.   64

V_{IN}. Lait de Vénus.   44

Fin de la Table des Matières.

C O R R E C T I O N S.

Page 14, ligne 21, *In vidit*, lifez *Invidit.*

Page 16, citation vis-à-vis de la feconde ligne. Tom. **XXVI**, *lifez* Tab. **XXVI.**

Page 17, ligne 15, fur un plan, *lifez* fur un terrein.

Page 48, ligne 2, ou ne lui cédant, *lifez* ou ne les lui cédant.

Page 69, ligne première de la note (3) épitète, *lifez* épithète,

Page 72, ligne 12, la plus jeune, *lifez* l'aînée.

ibid. ligne 14, l'aînée, *lifez* la plus jeune.

Page 84, citation vis-à-vis de la ligne 2, Theocrit, Idyll. 2, v. 30. *lifez* Idyll. 3, v. 28.